JN297303

子どもエスノグラフィー入門

技法の基礎から活用まで

柴山真琴

Shibayama Makoto

新曜社

まえがき

　エスノグラフィーの手法は，文化人類学・社会学・心理学・教育学は言うまでもなく，保育学・言語学・看護学など，人間を対象とする研究分野における共通の研究手法となりつつあります。特に近年は，質的研究への関心の高まりの中で，質的研究法の1つとして，エスノグラフィーの手法の可能性と意義が，改めて認識されるようになりました。同時に，エスノグラフィーの手法を習得することに加えて，エスノグラフィーの手法を教えることにも関心が広がり始めています。ともすると「職人技にも似た個人芸」と見なされがちなエスノグラフィーの手法を，「誰にでも習得できる研究技法」として組織化することが求められるようになりました。

　本書は，〈エスノグラフィー，特に子どもを対象としたエスノグラフィーを学びたい人〉を念頭において書かれた，エスノグラフィーの技法と技法を支える知的基盤について解説した入門書です。特に，以下のような特徴を持っています。

1．1セメスターの講義（半年間）を想定し，15回でエスノグラフィーの手法の基礎を習得できるように編成したこと。
2．大学等の講義で教科書として使用するだけでなく，自学自習用の教材としても使用できるように，実際に筆者が使っているレポート課題例や日本語で読める文献のガイドを盛り込むなど，読者が利用しやすいように工夫したこと。
3．エスノグラフィーの中でも，心理学の分野で整備されつつあるエスノグラフィーをベースにした，心理学的エスノグラフィーの技法を中心にして解説したこと。
4．心理学を専攻する人に限らず，保育学・児童学・教育学・福祉

学・看護学などを専攻する人や実践者など，子どもと子どもに関わる実践に関心を持つ人が広く使用できるよう，平明な解説を心がけたこと。
5．質的研究法としてのエスノグラフィーの手法の特徴を量的研究と対比させて解説しただけでなく，日常的に子どもを観察・記録する実践者の観察法や記録法とも対比させながらエスノグラフィーの特徴を描いたこと。

　具体的な構成としては，本書は大きく3つの部分から構成されています。第1講から第3講では，質的研究法としてのエスノグラフィーの手法が子ども研究や発達研究で注目されるに至った背景について，心理学（特に発達心理学）を中心に解説しました。第4講から第12講では，心理学研究で従来使われてきた観察法・面接法と対比させながら，エスノグラフィーの主要技法である参与観察・インタビューの技法とその特徴について解説しました。第13講から第15講では，子どもの観察と記録における実践者とエスノグラファーの重なりと違いを整理し，両者が共有している暗黙の前提について検討しました。

　以上のような特徴を持つことから，初めてエスノグラフィーを学ぶ人でも，卒業論文作成のあたりまでは辿り着くことができるものと思います。すでに先人たちが指摘しているように，エスノグラフィーの手法は実際に自分でやってみなければ身につかない技法ですが，フィールドワークのさまざまな段階で要点を押さえることによって，技法が確かなものになることも事実です。エスノグラフィーの手法の基本を身につけ，質的な子ども研究をするための基盤作りをする上で，小書が少しでも役立つことがあれば，著者としてこれに勝る喜びはありません。

　　　2006年1月

　　　　　　　　　　　　　　　　　　　　　　　　　　柴山 真琴

目次

まえがき　i

第1講　子ども研究法へのいざない　*1*

1．子ども研究の成果と研究法　*2*
（1）ピアジェとアイザックスの議論　*2*
（2）子どもについての知識はどのようにして得られたのか　*5*

2．子どもの日常への接近――発達心理学における方法論的提起　*7*
（1）伝統的な発達心理学の3つの特徴　*7*
（2）現実の中での研究へ　*9*

この講のまとめ　*9*
発展学習のための文献ガイド　*10*

第2講　研究法としてのエスノグラフィー　*11*

1．文化人類学と社会学におけるエスノグラフィー　*12*

2．心理学におけるエスノグラフィー　*15*
（1）意識と文脈の喪失　*15*
（2）観察法の再評価とエスノグラフィーの導入　*16*

3．心理学的エスノグラフィーの特徴　*18*

この講のまとめ　*20*
発展学習のための文献ガイド　*20*

第3講　研究のタイプとデータ収集法　*23*

1．心理学における子ども研究の過程　*24*

2．仮説検証型研究と仮説生成型研究　*26*

　　　　　（1）　仮説検証型研究と仮説生成型研究の手順の違い　　*26*
　　　　　（2）　2つの研究タイプとデータ収集法との関係　　*29*
　　この講のまとめ　　*30*
　　発展学習のための文献ガイド　　*30*

第4講　「見る」技法としての参与観察　　*31*

1．心理学研究における観察法　　*32*
　　　　　（1）　自然な状況での観察と実験的な状況での観察　　*32*
　　　　　（2）　行動の量的特徴と質的特徴　　*33*
　　　　　（3）　自然状況下で得られた質的データへの注目　　*34*
2．自然観察法の種類　　*36*
　　　　　（1）　組織的観察法　　*36*
　　　　　（2）　日常的観察法　　*39*
3．逸話記録法と参与観察　　*41*
　　この講のまとめ　　*44*
　　発展学習のための文献ガイド　　*44*

第5講　参与観察の過程　　*45*

1．フィールドとフィールドでの立場　　*46*
　　　　　（1）　フィールド　　*46*
　　　　　（2）　フィールドでの立場　　*47*
2．観察の3段階　　*49*
3．フィールドでのメモの取り方　　*51*
　　この講のまとめ　　*54*
　　発展学習のための文献ガイド　　*54*

第6講　観察演習—質的データ収集の訓練　　*55*

1．観察の目的と手順　　*56*
　　　　　（1）　観察の目的　　*56*
　　　　　（2）　観察の手順　　*56*
2．観察場面の概要　　*58*
3．フィールド課題　　*61*

　　　　（1）フィールド課題（観察課題）　　　　　　　　　　 *61*
　　　　（2）フィールド課題の例　　　　　　　　　　　　　　 *63*
　この講のまとめ　　　　　　　　　　　　　　　　　　　　　 *64*
　発展学習のための文献ガイド　　　　　　　　　　　　　　　 *64*

第7講　子どもの遊びの質的理解　　　　　　　　　　　　　　 *65*
　1．観察演習の振り返り　　　　　　　　　　　　　　　　 *66*
　　　　（1）レポート例の良い点　　　　　　　　　　　　　 *69*
　　　　（2）観察データの解釈　　　　　　　　　　　　　　 *71*
　　　　（3）相互作用データの書き込み　　　　　　　　　　 *71*
　　　　（4）初学者の戸惑い　　　　　　　　　　　　　　　 *72*
　2．社会的現実を解釈するということ
　　　　　　――2つのエスノグラフィーの比較検討　　　　　 *75*
　　　　（1）2つのエスノグラフィーの比較検討　　　　　　 *76*
　　　　（2）2つのエスノグラフィーを読んだ学生の感想　　 *78*
　この講のまとめ　　　　　　　　　　　　　　　　　　　　　 *79*
　発展学習のための文献ガイド　　　　　　　　　　　　　　　 *80*

第8講　フィールドノーツ作成法　　　　　　　　　　　　　　 *81*
　1．フィールドメモとフィールドノーツ　　　　　　　　　 *82*
　　　　（1）命綱としてのフィールドメモ　　　　　　　　　 *82*
　　　　（2）フィールドノーツを作る目的　　　　　　　　　 *83*
　2．フィールドノーツの作成例　　　　　　　　　　　　　 *85*
　　　　（1）手書きによるフィールドノーツの例　　　　　　 *85*
　　　　（2）パソコンによるフィールドノーツの例　　　　　 *91*
　　　　（3）フィールドノーツ作成の要点　　　　　　　　　 *97*
　この講のまとめ　　　　　　　　　　　　　　　　　　　　　 *98*
　発展学習のための文献ガイド　　　　　　　　　　　　　　　 *99*

第9講　「聞く」技法としてのインタビュー　　　　　　　　　 *101*
　1．心理学研究における面接法　　　　　　　　　　　　　 *102*
　2．面接法の種類と特徴　　　　　　　　　　　　　　　　 *103*

		（1） 調査面接	*103*
		（2） 臨床面接	*105*
		（3） 面接法の特徴	*105*
	3．面接とインタビュー		*107*
		（1） フィールドでのインタビュー	*107*
		（2） インフォーマル・インタビューと 　　　フォーマル・インタビュー	*109*
		（3） 面接とインタビューの違い	*110*
	この講のまとめ		*112*
	発展学習のための文献ガイド		*112*

第10講　インタビューの過程　　　　　　　　　　　　　　　*113*

 1．インタビュー・スケジュールの作成　　*114*
  （1）インタビュー・スケジュールの構成　*114*
  （2）保育園児の親を対象にしたインタビューの例　*115*
  （3）幼稚園児を対象にしたインタビューの例　*117*
  （4）対象者の選定とラポールの形成　*120*
  （5）インタビューの場所　*122*
  （6）インタビュー・データの記録　*122*
  （7）インタビュー・データの分析　*124*
  （8）インタビューの利点と弱点　*127*
 2．インタビュー課題　*127*
 この講のまとめ　*131*
 発展学習のための文献ガイド　*131*

第11講　量的研究と質的研究　　　　　　　　　　　　　　　*133*

 1．量的研究と質的研究　*134*
 2．質的研究と質的データとの関係　*135*
 3．質的研究を支える足場としての解釈的アプローチ　*138*
  （1）社会科学の代表的な認識論的立場　*139*
  （2）社会現象の捉え方の違い　*140*
  （3）研究の目標と、研究対象者との関係の違い　*141*

	（4）質的な志向性	*142*
	この講のまとめ	*143*
	発展学習のための文献ガイド	*143*

第12講　研究者倫理　*145*

1. 研究者倫理の3原則　*146*
    - （1）研究における上下関係　*146*
    - （2）日本の学会における倫理ガイドラインの作成　*147*
    - （3）心理学研究における研究者の倫理　*148*
2. 子どもエスノグラフィーにおける留意点　*150*
    - （1）フィールドに入るとき　*150*
    - （2）フィールドにいるとき　*152*
    - （3）フィールドワークが終わった後　*155*

この講のまとめ　*156*
発展学習のための文献ガイド　*156*

第13講　子どもを観察するということ——実習生の観察と記録　*157*

1. 実習生の観察と記録の背景　*158*
    - （1）実習日誌が書かれる背景　*158*
    - （2）実習日誌を書く目的　*160*
2. 観察実習における観察と記録の特徴　*161*
3. 子どもエスノグラフィーとの重なりと違い　*165*
    - （1）観察のしかたに見られる共通点と相違点　*165*
    - （2）観察記録の書き方に見られる共通点と相違点　*166*

この講のまとめ　*168*
発展学習のための文献ガイド　*169*

第14講　子どもを観察するということ——保育者の観察と記録　*171*

1. 保育者の観察と記録の背景　*172*
2. 保育者の観察の特徴　*172*
3. 保育記録に見られる記録の特徴　*174*
    - （1）クラス日誌の例　*178*

　　　　（2）個人記録の例　　　　　　　　　　　　　　　*182*
　　4．子どもエスノグラフィーとの重なりと違い　　　　*182*
　　　　（1）観察のしかた　　　　　　　　　　　　　　*184*
　　　　（2）観察記録の書き方　　　　　　　　　　　　*186*
　この講のまとめ　　　　　　　　　　　　　　　　　　*190*
　発展学習のための文献ガイド　　　　　　　　　　　　*190*

第15講　子どもエスノグラフィーがめざす知　　　　　*191*
　　1．実践者と子どもエスノグラファーに共有されているもの　*192*
　　2．文化としての保育、活動としての発達　　　　　　*193*
　この講のまとめ　　　　　　　　　　　　　　　　　　*196*
　発展学習のための文献ガイド　　　　　　　　　　　　*196*

　　あ と が き　　*197*
　　資　　料　　*201*
　　引用文献　　*205*
　　索　　引　　*213*

　　　　　　　　　　　　　　　　　　　　装幀＝難波園子

第1講

子ども研究法へのいざない

◆講義内容
1. 子ども研究の成果と研究法
2. 子どもの日常への接近——発達心理学における方法論的提起

日本では，幼児期後期から児童期はじめにかけて，自転車の一人乗りができるようになる子どもが多い。

1．子ども研究の成果と研究法

　今日，心理学研究では，質的研究への関心の高まりとともに，研究方法論をめぐる議論が盛んになっています。これは子ども研究においても同様で，発達心理学・保育学・乳幼児教育学など，子どもを対象とするさまざまな学問領域でも，方法論への関心が高まっています。それというのも，子どもについて知ることは，子どもについて何をどのようにして知るのかということと表裏一体の関係にあるからです。子どもを研究するためには，これまでに蓄積されてきた知識（研究の知見）を学ぶだけでなく，子ども研究をするための方法も体得しなければなりません。

　研究成果と研究方法とは切り離すことができない，ということを，ピアジェとアイザックスの議論を手がかりにして，具体的に検討してみましょう。この2人の研究者の議論については，心理学者の永野重史氏が著書『発達とはなにか』（2001）の中ですでに紹介していますが，ここでは同書では取り上げられていない，自転車の事例を取り上げて検討します。

（1）ピアジェとアイザックスの議論

　ジャン・ピアジェ（Piaget, J.）は20世紀を代表する心理学者の一人ですが，『子どもの物理的因果（*La Causalité Physique Chez l'Enfant*)』（1927年）（英訳出版1930年／邦訳1971年，書名は『子どもの因果関係の認識』）という著書の中で，「幼児は因果関係の理解が不十分である」と述べています。「自転車はどうして動くのかな？」という面接者の質問に対して，年少児は「エンジンがあるから」「タイヤがひとりでに回るから」（いずれも4歳児）とか「男の人がタイヤを進ませるの」（6歳児）などと，自転車の各部分と全体運動との関係を理解していない答えをするのですが，8歳児以上になると「ペダルをこぐと歯車が回るの。チェーンがあるから，それが後輪を回すんだよ。」（8歳児）と，正しく説明しました。

　これらのデータを踏まえて，ピアジェは，自転車が動くメカニズム

の理解は，第Ⅰ段階（4-5歳）：「動きを因果的に理解することができない段階」→ 第Ⅱ段階（5-6歳）：「各部品が必要であることはわかるが，関連づけができない段階」→ 第Ⅲ段階（6-8歳）：「各部品の働きに言及できるが，メカニズムを正確に説明できない段階」→ 第Ⅳ段階（8歳〜）：「自転車が動くメカニズムを正確に説明できる段階」という4つの段階を経て進むことを見出しました（Piaget, 1951）。そして，ピアジェは，「自転車のメカニズムを正しく説明できるようになるのは8歳頃である」（Piaget, 1951, p.197）と述べ，幼児には因果的な思考ができないと指摘しました。（以下のバーン少年の例は，第Ⅱ段階の例としてピアジェが提示しているものです。）

バーン少年（7歳10ヵ月）の例

面接者：「自転車はどうして進むのかな？」
バーン：「車輪とペダルで」
面接者：「ペダルはどうやって車輪を回すの？」
バーン：「男の人が自転車を進ませると，車輪が回るんだよ」
面接者：「ペダルが車輪を回すの？」
バーン：「ううん，ペダルは足を置くためのものだよ」
面接者：「じゃ，どうやって車輪を進ませるのかな？」
バーン：「男の人が自転車を進ませるから」
（Piaget, 1951, pp.207-208 の一部を対話形式にして引用）

ピアジェは，自転車の課題以外にも天体運動や浮力の課題も行っていますが，これらの一連の研究から，因果的思考ができるようになるのは，論理的な思考ができるようになる7，8歳以降で，それ以前の子どもには因果的思考ができない（ピアジェはこれを「前因果的思考」と名付けました）と結論づけたのでした。さらにピアジェは，幼児は前因果的思考の段階にあるだけでなく，自分の視点からしか世界を見ることができず（「自己中心性」），また見かけに左右されやすい（「直観的思考」）とも考えていました。

こうしたピアジェの見解に対して，心理学者でもあり教育実践家でもあるスーザン・アイザックス（Isaacs, S.）は，「幼児でも因果関係を

理解することができる」と考えていました。アイザックスは，イギリスの「デューイ・スクール」と呼ばれた「モールティング・ハウス実験学校」(1924-29)で，3年半にわたって行った実践の成果の一部を『幼少児における知的発達（Intellectual Growth in Young Children）』(1930年)（邦訳1989年，書名は『幼児の知的発達』）という本にまとめています。同校に通う子どもの年齢は2歳から10歳で，大半が6, 7歳以下の幼児でした。同書には，幼児でも因果関係を理解できることが多くの事例で示されています。以下のエピソードは，ちょうどピアジェがモールティング・ハウス校を訪問したときのものです。

5歳男児ダンの因果関係の理解を示すエピソード（1927年3月4日）

　ピアジェ博士が，本校（筆者注：モールティング・ハウス校）を訪問した際のことである。博士は次のように自分の見解を述べた。機械論的因果関係の認知は，通常子どもが7, 8歳になるまで生じないし，自転車を例にとって言うならば，その年齢以下の子はまずペダルの働きを理解してはいない。自転車の絵を描くとき，ペダルは書き入れるだろうが，本体とどう接続するかは書き表さない，と。そしてこの点について本校の児童はどうだろうかと，博士は質問した。

　たまたまダン（5歳9ヵ月。知能指数142）が庭で三輪車を後向きにこいでいた。私（筆者注：アイザックス）がダンのところへ行って「前に進んでいないじゃないの」と言うと，「当たり前じゃないか。後ろにこいでるんだから」と返事をした。「じゃあ，前に進むときはどうするの」と聞くと，「あのね，足がペダルを押すでしょ。そうするとペダルがクランクを回してね，クランクがあれ（歯車を指さしながら）を回すんだよ。」「それが，チェーンをくるくる回し，チェーンは，車輪のまん中を回すから，車輪が回るってわけ。わかった？」

（アイザックス,1989, pp.124-125）

　5歳児であってもダンは三輪車が動くメカニズムを正しく理解し，それをことばで説明できる状態にあったことがわかります。ダンについては，このエピソードの他にも，教師がピアノを弾いているときにペダルを踏むと音が変わることに気づき，教師がピアノの蓋をあけると嬉々としてペダルの機能を確認したこと（4歳1ヵ月の時），午前

中いっぱいタイプライターの文字のつながり具合やその他の機能を調べて過ごしたこと（5歳8ヵ月の時）など，小さな機械のメカニズムへの興味が他児と共有されながら育まれていた様子が報告されています（Isaacs, 1930, p.127 と p.243）。おそらくダンは，アイザックスに質問される以前に，三輪車のペダルをこいではどこがどのように動くのかをじっくりと観察したり，前向きにこいだり後ろ向きにこいだりして，ペダルの働きを体験的かつ省察的に理解していたのかもしれません。

（2）子どもについての知識はどのようにして得られたのか

　ピアジェとアイザックスは，幼児の因果関係の理解をめぐって，どうしてこのような正反対とも言える知識を持つに至ったのでしょうか。そこで，「幼児は因果関係の理解が不十分である」というピアジェの知識と「幼児でも因果関係を理解することができる」というアイザックスの知識がどのようにして得られたのかを，さらに詳しく見てみましょう。

　ピアジェの研究では，基本的には質問者である大人と子どもが1対1で対話をするという状況の中で，まず子どもに自転車の絵を描かせてから，自転車が動く理由を尋ねるという手順がとられました（Piaget, 1951）。「通りで自転車を見るのは好き？　じゃあ，この紙に自転車の絵を描いてみて。」と自転車の絵を書くことを求め，子どもが「描けないよ。」と躊躇しても，「できるだけ描いてみて。難しいのはわかってるんだけど，他の子もできるから君にもできると思うよ。」とことばを重ねて，自転車の絵を描かせています。（必要であれば，年少児にはタイヤを2つ描いて描画を促し，自転車の実物を見せて質問をしました。）そして，子どもが描いた自転車の絵を見ながら，「自転車はどうして動くのかな？」と子どもの思考過程を探るための質問をします（子どもの最初の反応を正しいものと受け止めて，子どもの思考に合わせた質問をしていくピアジェの方法は，「臨床法」と呼ばれています）。質問者は，子どもの答えが正しくても間違っていても，子どもが一言答えると，「チェーンは何のためにあるの？」「ペダルは？」「タイヤは？」と矢継ぎ早に質問をしています（バーン少年の

事例を参照)。質問者は対象児ができるだけリラックスして答えられるよう配慮していたようですが，やはり二者間での問答形式という条件下に置かれると，永野も指摘しているように（永野, 2001），子どもは「とにかく答えなくちゃ」と焦ってしまい，じっくりとよく考えないままに答えてしまうことがあったのかもしれません。

　これに対して，ダンとアイザックスのやりとりは，子どもの自由な活動が許容される環境の中で，しかも具体的な関心を共有する大人や仲間との遊びの中でなされています。ピアノやタイプライターといった校内にある小さな機械の動きに興味を持ち，それを十分に納得のいくまで確かめることができたダンにとっては，三輪車乗りという活動をしながら三輪車が動く仕組みを因果関係的に説明することは，馴染みのある課題だったものと思われます。

　このような幼児が因果的思考をする場の違いに加えて，その課題を考えることの幼児本人にとっての必要性と，課題の答え方における自由度の違いも無視できないでしょう。ピアジェの自転車課題に参加した子どもたちの多くが街中で自転車が走る様子を見たことがあるとしても，課題に参加する時点で，子ども自身の中に「自転車はどうやって動くのだろう？」という自発的な疑問があったとは限りません。子どもにすれば，自分自身の自発的な疑問が熟する前に面接者から問題が与えられたので，ある程度無理をして考えて答えていたということも想像されます。おそらく幼児の場合，自分にとって差し迫った必要性がない上に，大人（ピアジェ）が決めた通りの答え方（活動を伴わずにことばだけで説明をする答え方）しか認められないような課題には，うまく答えることができなかったのかもしれません。

　一方，モールティング・ハウス校では，仲間との共同活動の中で幼児が互いの興味を誘発し合いながら，幼児自身が自分の経験を自分のことばで理解することが奨励されていました（アイザックス, 1989）。「三輪車はどうやって動くのだろう？」というダンの疑問は，実物と親しく交わる活動の中で湧き上がったダン自身の自発的な疑問だったのではないでしょうか。「じゃあ，前に進むときはどうするの？」というアイザックスの問いかけは，まさにダンの知的関心とかみ合っていたがゆえに，ダンは三輪車の動く仕組みを因果論的に説明できたの

でしょう。加えて，相手（アイザックス）に働きかけるタイミングにおいても説明のしかたにおいても，ダンは自分に適したやり方で答えることが許されていました。このような環境の中では，幼児でも十分に力を発揮して，因果論的な思考ができるのかもしれません。

　要するに，子どもについての知識を学ぶ際に留意してほしいのは，その知識がどのような根拠に基づいているのか，その根拠はどのようにして得られたものなのかを，十分に（時には批判的に）検討する必要があるということです。別の言い方をすれば，子ども研究をしようとする場合には，子どもについて何を知りたいのか，そのためにはどのようなデータが必要となるのか，それはどのようにして得られるのかを考える必要があるということです。たとえばピアジェの例に見るように，きわめて限定された条件下で見られる子どもの思考の特徴を明らかにしようとする場合には，実験的な場でデータを得ることになるでしょう。一方，アイザックスの例に見るように，子どもの知能が日常活動や社会的関係の中で実際に働く様相を明らかにしたい場合には，具体的な場面における子どもの知能の働きを観察することが必要となります。

2．子どもの日常への接近——発達心理学における方法論的提起

　こうした研究成果と研究方法との不可分性への意識は，最近になって登場してきた新しい動きではなく，発達心理学においてはすでに1970年代後半頃から，学問的変革を志向する大きなうねりとなって現れていました。その事情を，概観してみましょう。

（1）伝統的な発達心理学の3つの特徴

　19世紀末に成立した心理学は，学問が成立した当初から，その当時先進学問として確立していた物理学をお手本にして，学問の基盤作りをしました。心理学の下位領域の1つである発達心理学がそのような心理学の成立事情の影響を強く受けて発展してきたことは，言うまでもありません。伝統的な発達研究の特徴を誤解をおそれずにあげるとすれば，「子どもと環境の分離」「要素への分解と因果律による説明」

「機能の器としての子ども」の3点になるでしょう。

　1番目の「子どもと環境の分離」とは，子どもを子どもが生きる生態学的・社会文化的な環境から抜き出して，環境や他者から隔絶した孤独な存在として子どもを見るということです。子どもを対象に課題実験や検査をする場合には，子どもの活動を支えている成育環境から離れて，十分に条件を統制した環境が同一な実験室・検査室に子どもを連れてきて，テストしたり観察したりするのが一般的です。すなわち，子どもが生活を営む具体的な場所や人・ものなど環境が持つ固有性や環境と子どもとのやりとりには目を向けず，実験室という人為的で等質的な環境に子どもを置き直して，子どもの活動を見ようとします。

　2番目の「要素への分解と因果律による説明」とは，子どもの活動が行われる環境と子どもの両方をいろいろな要素に分解した上で，研究者が調べたい要素以外はできるだけ一定にして，その要素と子どもの特定の反応との因果関係を調べ，説明するということです。たとえば，教育方法の効果を確認したい場合には，教育方法以外の要素はすべて変化しないようにして，教育方法をA・B・Cと変えたときに子どもの反応がどうなるかを注意深く測定し，原因（教育方法）と結果（学習の結果）を1対1の対応関係があるものとして説明します（南風原, 2001）。

　3番目の「機能の器としての子ども」とは，子どもの特定の機能に限定して，刺激に対する子どもの受動的な反応を見るということです。先にあげた例で教育方法の効果を子どもの認知機能に着目して測定しようとする場合には，A・B・Cという3つの教育方法を試行する前後にテストをして，子どもの思考の変化を測定することになります。その際，「どれが楽しいかな」とか「自分にはこれが一番合っているなあ」などと，子どもが主体的に全身で感受することにはいっさい目を向けずに，あらかじめ実験者が決めた認知機能だけに注目します。

　伝統的な発達研究では，以上の3点を押さえて，十分に条件を統制した実験室で，厳密な手続きの下で多数の子どもの反応を客観的に測定し，その結果を数量化できる研究，さらにはその結果が再現することを何回でも確かめられる研究こそが，科学的で信頼性が高い研究だ

と見なされてきました。このような子どもについての研究法は，〈きわめて特殊な空間や時間の中で，対象となる子どもの1つの側面だけに限定して，子どもの外側で設定された尺度で客観的に測定することによって発達現象を捉える方法〉と言えるかもしれません。

（2）現実の中での研究へ

　1970年代後半以降に生起した発達心理学における変動とは，それまでの発達研究を支えてきたこうした3原則を再考し，発達研究で自明なこととされてきた研究の科学性・客観性を問い直そうとする動きに他なりません。子どもが生きる社会文化的文脈を抜きにしては子どもの有能さや発達過程を理解できないことに気づいた発達研究者たちは，現実の中で，子どもの発達過程を捉えるための方法を模索し始めたのです。そこから「解釈的アプローチ」という認識論的立場（第11講で詳述）や「エスノグラフィー」（第2講で詳述）というデータ収集法が発展しましたが，これらは，伝統的な方法では捉えられない子どもの日常世界と子どもの経験を理解するための方法の1つとして導入されたのです（Gaskins, Miller & Corsaro, 1992; LeCompte & Preissle, 1993）。

　一般にエスノグラフィーとは，人びとが生きる日常世界を人びとに経験されたように記録し，人びとの視点から経験の意味を読み解くための手法を言います。従来の研究法との対比で言えば，〈子どもが生きる日常的な時間と空間の中で，子どもの経験を行動レベルで具体的に記述し，その経験を当事者の視点から解釈することによって発達現象を読み解くための方法〉と言えるでしょう。本書では，子どもと子どもに関わる実践に焦点を当てたエスノグラフィーを「子どもエスノグラフィー」と呼び，その全体像を述べていくことにします。

この講のまとめ

　子どもについての知識（研究成果）とその知識が得られた過程（研究方法）は，不可分の関係にあります。子ども研究をする場合，子どもについて何を知りたいのか，そのためにはどのようなデータが必要となるのか，それはどのようにして得られるのかを考える必要があり

ます。本書で紹介する子どもエスノグラフィーは，子どもと子どもに関わる実践を質的に理解するための研究法の1つです。

発展学習のための文献ガイド

- アイザックス, S.（梼瑞希子訳），1989『幼児の知的発達』明治図書．
 アイザックスの Intellectual Growth in Young Children（1930）の抄訳と，モールティング・ハウス校の実践とアイザックスに対する訳者自身の論考から構成されています。アイザックスが観察法を幼児研究の手法とするに至った経緯と実際の観察記録を具体的に知ることができます。

第2講

研究法としての
エスノグラフィー

◆講義内容
1. 文化人類学と社会学におけるエスノグラフィー
2. 心理学におけるエスノグラフィー
3. 心理学的エスノグラフィーの特徴

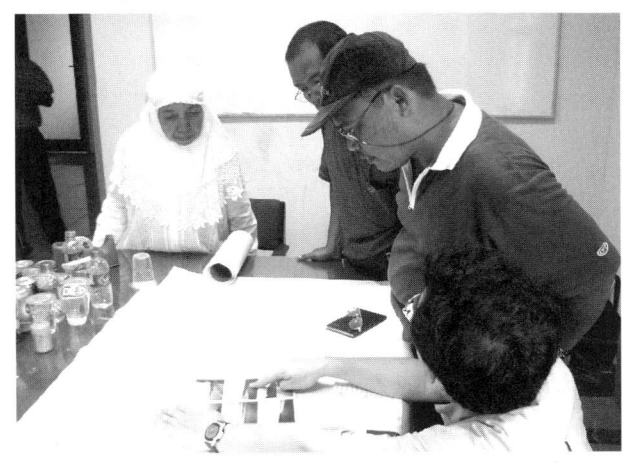

インド洋大津波（2004年12月）直後のインドネシア・アチェ州。フィールド調査を前に，現地人研究者と打ち合わせをしているところ。

「エスノグラフィー（ethnography）」ということばは，通常，「特定のフィールドについて記述した報告書」という意味と，「報告書を生み出すための研究手法」という2つの意味で使われています（LeCompte & Preissle, 1993）。前者は，エスノグラフィーという手法を用いて行った研究の成果（一般に「民族誌」と呼ばれています）を指すのに対して，後者は研究手法としてのエスノグラフィーを指しています。手法としてのエスノグラフィーは，参与観察とインタビューを主要な技法としつつ，調査法や文献収集なども併用する，複数の技法を組み合わせた多角的な手法です。

　本講では，文化人類学・社会学・心理学の3つを取り上げて，研究手法としてのエスノグラフィーが子ども研究の手法として日本で注目されるに至った経緯を，簡単に見ておきましょう。

1．文化人類学と社会学におけるエスノグラフィー

　エスノグラフィーは，異文化の人々の生活を現地の人々の視点から理解することを通して文化を記述するための手法として，文化人類学という学問分野で開発されたものです（Spradley, 1980）。人びとが生活する現場（field）に赴いてデータを取ること（work）から，「フィールドワーク」とも呼ばれています。

　文化人類学では，フィールドワークそのものは19世紀後半から採用されていたのですが，フィールドワークの水準を高め人類学研究の方法として中核に位置づけたのは，ポーランド出身のイギリスの人類学者であるブロニスラフ・マリノフスキー（Malinowski, B.）でした（渡邊・杉島, 1994；小泉, 1997）。彼は調査対象としたニューギニア東端のトロブリアンド諸島に住んで，現地の人びととの社会生活に関するデータを人びとと交流しながら収集することで，「人々の視点をつかみ，それを人々の生活と結びつけ，人々が世界を見る視点を理解すること」（Spradley, 1980, p.3）を試みたのです。その調査結果は，1922年に『西太平洋の遠洋航海者』として出版されました。この本は，文化人類学の古典として今日でも読み継がれています。このような調査対象の中に研究者が入り込んで調査する方法を「参与観察」と言いますが，

これこそまさにマリノフスキーが主眼とした調査法に他なりません。その後，一時期（1950年代から70年代にかけて）下火になった時期もありましたが，人類学では参与観察によるエスノグラフィーが優勢な地位を占めてきたと言われています。

文化人類学における子ども研究は，心理人類学や教育人類学（いずれも文化人類学の下位領域）において中心的に進められてきたこともあり，多様な社会における子どもの成長過程を記した民族誌が数多く蓄積されています。ただし，心理人類学の場合，1960年代までは，子どもの外にある文化と子どもが自分の中に取り込む文化とは同一であるという前提に立ち，集団特有のパーソナリティ・タイプの源泉としての養育行動に焦点を当てた研究が多かったのですが，1970年代以降は，子どもが成育集団の文化を習得していく過程を解明しようとする研究が現れ始めました（箕浦, 1990）。子どもが社会的行動や価値観を形成していく過程，自分を取り巻く社会的関係を理解していく過程などが，詳細な観察に基づいて解明されるようになりました。日本の子どもを対象にした代表的な民族誌としては，子どもが文化特有の対人関係を習得していく過程を解明した，箕浦康子氏の『子供の異文化体験：人格形成過程の心理人類学的研究』（箕浦, 1984）があります。

一方，社会学におけるエスノグラフィーは，20世紀初頭にアメリカで顕在化し始めたさまざまな社会問題（貧困・犯罪・離婚・人種間葛藤など）を解明するための調査法として発展してきました（西田, 1998）。文化人類学者が西欧以外の異文化を理解するための手段としてエスノグラフィーを開発したとすれば，社会学者はそれを自国内の多様な人々の生活を理解するための手段として発展させたと言えるかもしれません。特に有名なのが，1920年代から30年代にかけて，シカゴ大学社会学部の研究者集団（「シカゴ学派」と呼ばれています）によって精力的に行われた一連の調査研究です。彼らは都市研究の手法としてエスノグラフィーの手法を採用し，優れた都市民族誌を出版しました。シカゴ学派の代表的な都市民族誌としては，ポール・G・クレッシー（Cressey, 1932）やハーベイ・ゾーボー（Zorbaugh, 1929）らの民族誌があります（佐藤, 2002）。その後，ウィリアム・F・ホワイト（Whyte, 1943）がアメリカ・ボストンにあるイタリア人居住区の青年集団につ

いての民族誌『ストリート・コーナー・ソサイエティ：アメリカ社会の小集団研究』を出版しました。この本は社会学的エスノグラフィーのバイブルとも呼ばれているものです。これらの研究成果の相次ぐ出版によって，社会学においてもエスノグラフィーが脚光を浴びるようになりました。

　しかしながら，1930年代以降から今日に至るまで，社会学で主流を占めてきた研究法はエスノグラフィーではなく，大規模なアンケート調査を中心とするサーベイです。社会学においてエスノグラフィーが再登場したのは，1960年代のアメリカとイギリスでした。1960年代のアメリカでは，マイノリティの教育問題が社会問題としてクローズアップされ，マイノリティの子どもが学校で疎外されドロップアウトしていく過程を明らかにすることが緊急の課題となっていました。こうした社会的要請もあって，エスノグラフィーを手法とする調査研究が再燃したのです（西田, 1998）。

　一方，1960年代のイギリスでは，階級間の教育機会の不平等が社会問題となり，それまでブラックボックスとして研究対象にしてこなかった，教室活動や教授学習過程（特に教師－生徒間の相互交渉過程）を明らかにする必要に迫られていました。学校の内部過程を分析するための手法として採用されたのがエスノグラフィーの手法で，当事者の意味づけや相互交渉過程に焦点を当てる「解釈的アプローチ」の方法論として導入されました。教育社会学における解釈的アプローチは，「現象学的社会学」「エスノメソドロジー」「象徴的相互作用論」の3つを総称したものを指し，従来の構造・機能モデルに対する批判として1970年代に登場した「『新しい』教育社会学」の中核をなしています（カラベル & ハルゼー，1980）。エスノグラフィーが日本で子どもの社会化研究の手法として採用されるようになったのは，1980年代とされています。その後，エスノグラフィーを手法とする社会化研究は，「教師－生徒間の交渉過程を詳細に記述する研究」と「学校の内部過程を社会の経済的・政治的布置から説明する研究」に分かれて発展しています（志水, 1985）。

　文化人類学と社会学におけるエスノグラフィーの展開には，上のような違いがありましたが，〈人びとの生活に参加しながら，人びとが

生きる日常世界や意味世界を人びとの視点から理解する〉という点は共有されていたと言えるでしょう。

2．心理学におけるエスノグラフィー

（1）意識と文脈の喪失

　　　　近代心理学の成立は，ウィルヘルム・ヴント（Wundt, W.）がドイツのライプチヒ大学に心理学実験室を開設した1879年とされています。ヴントは，人間のこころの営みを扱う領域として，感覚や知覚といった基礎的な領域を扱う「個人心理学」と，思考や問題解決といった高次の領域を扱う「民族・文化心理学」の2領域を構想し，個人心理学の手法として「実験（内観法）」が，民族・文化心理学の手法として「観察と記述」が必要であると考えていました（茂呂, 2001；サトウ, 2004）。ちなみに内観法とは，心理学実験をしながら，実験を受けている人に，その時の自分の感覚や感情などについて詳細に語ってもらう手法を言います。ヴントは，「内観法」という手法を使って，個人の複雑な意識を要素に分類しようとしたのです。

　　一方，民族・文化心理学については，ヴントは「人々の共同生活で形成される集合的な精神過程」を解明すること（特に言語・文化の中にある精神の記述）を目指していましたが，実験心理学が勢力を増す中で，二次的な地位に追いやられてしまいました（茂呂, 2001）。

　　その後，1910年代に入ると，人間の意識を自己観察によって捉える内観法に対して，2つの方向から批判がなされました（市川, 2003）。1つは，行動主義心理学からの批判です。心理学を自然科学の一分野たらしめるためには，本人にしかわからない意識ではなく，外部から観察可能な行動を対象にして，その行動の法則性を明らかにすべきだとされたのです。ただし，行動主義心理学における行動とは，ある刺激に対する反応としての行動を指しており，子どもの自発的な行動とは区別する必要があります。

　　もう一つは，精神分析学からの批判でした。人間の行動は本人の意識だけで理解することは難しく，本人にも意識されない「無意識」の世界をも考察の対象にすべきだとされたのです。行動主義心理学と精

神分析学は，学問の系譜も研究方法もまったく異なる心理学の立場ですが，目に見えない「こころ」を目に見える行動を観察することで解明しようとする点は，共通していました。

　こうして心理学は，「意識の学」から「行動の学」へと変容していったのです（サトウ，2004）。とりわけ行動主義心理学では，動物を被験体とした実験が新しい知見をもたらしたこともあって，次第に実験主義的な方法が心理学研究の主流になっていきました。こうした状況の中で開発されたのが，人の行動を客観的に捉えるための観察法（「時間見本法」と「事象見本法」と呼ばれる観察法）でしたが，実験法や調査法が台頭し続ける一方で，観察法は少数派の位置に追いやられていました。

（2）観察法の再評価とエスノグラフィーの導入

　心理学者の中澤潤氏によれば，心理学において観察法の意義が再認識されるようになったのは，1970年代後半だと言われています（中澤，1997）。観察法が再評価されるに至った背景には，① 子どもを日常生活から抜き取り，環境や他者と関わりを持たない孤立した個体であるかのように見なしてきたことへの反省と，② 子どもの育ちを要素に還元して一義的な因果関係として分析してきたことへの反省があったものと思われます。子どもも含めた人びとをその人が生きる生態学的・社会文化的な環境の中に戻して，具体的な場で具体的な他者とことばや気持ちをやりとりしながら生きているさまをできるだけリアルな形で捉えなければ，複雑でダイナミックな人間の営みを理解することができないことに気づいたのです。

　実は，第1講で紹介したアイザックスが子ども研究の手法として採用したのは，文化人類学由来の観察法でした。アイザックスは，マリノフスキーによって確立されたフィールドワークの理論を自分の研究法として用い，モールティング・ハウス校をフィールドにして，日常活動の中で現れる幼児の知能の働きを具体的に明らかにしようとしたのでした。教師として教育実践に参加しながら子どもを観察するというアイザックスの研究のあり方は，エスノグラフィックな発達研究の嚆矢と呼んでよいかもしれません。

エスノグラフィーが子どもの発達研究の手法として本格的に導入されたのは1980年代のアメリカで，解釈的アプローチ（第11講参照）を唱導する発達研究者たちによって積極的に採用されるようになりました。彼女らは，子どもがある社会の成員になる過程は，日常活動で意味を創出していく過程を明らかにすることによって初めて理解可能となるのであり，それゆえ子どもが生きる社会行動的文脈の中で子どもの意味創出過程を観察して解釈的に記述することが，発達研究の課題とされるべきだと主張しました（Gaskins, Miller & Corsaro, 1992）。

　日本でも1980年代後半頃から，子どもの発達過程を社会的現実の中で包括的かつ質的に理解することの重要性が指摘されるようになり，「関与しながらの観察」「観察データの質的理解」「仮説の生成」を基本とする観察法が提案されました（山田, 1986; 鯨岡, 1989）。当時のこのような先駆的な試みは，「現場(フィールド)心理学」あるいは「定性的研究」と呼ばれていました。研究のあり方や発達現象の見方そのものを根底から問い直すようなこうした動きは，発達心理学以外の分野でも生起しつつありました。認知科学を例にとれば，それまで個人の頭の中での変化と考えてきた認知や学習を，社会集団の中での実践や相互行為として，あるいは人間と道具との不可分な活動として捉え直す試みがなされるようになりました。まさしく知の組み換えを模索する動きが学問領域を超えて，相互に影響を与えながら進行していたと言えるかもしれません。

　その後，1990年代に入ると，一部の大学で心理学徒を対象に，エスノグラフィーの手法を教える科目が開講される一方で，エスノグラフィーについての優れた入門書が出版され始めました。社会学者の佐藤郁哉氏による『フィールドワーク』（佐藤, 1992）という入門書と，心理人類学者の箕浦康子氏による『フィールドワークの技法と実際：マイクロ・エスノグラフィー入門』（箕浦, 1999）という授業実践記録は，初学者がエスノグラフィーの手法を学ぶ上で大きな役割を果たしました。特に後者の解説書は，エスノグラフィーの手法を心理学研究法の1つとして整備し普及させる上でも，重要な役割を果たしました。もちろんエスノグラフィーが比較的スムーズに受容されたのは，1980年代から一部の研究者たちによって脈々と保持されてきた質的研究への

志向が土壌となったことは，言うまでもありません。

　以上に見てきたように，エスノグラフィーの手法が心理学（特に発達心理学）の研究法として導入されるに至った背景には，社会的な関係の中で人々にとって意味のある行為を捉えようとする動きが複数の学問領域で強まったという時代的状況があったことがわかります。心理学者の茂呂雄二氏のことばを借りれば，心理学におけるエスノグラフィーへの関心の高まりは，「心理学において忘れられたヴントの伝統（筆者注：「民族・文化心理学」の構想）を，いわゆる学際的な交流の中で回復することを意味する」（茂呂, 2001, p.3）動きと呼べるかもしれません。

3．心理学的エスノグラフィーの特徴

　心理学的エスノグラフィーは，人類学的・社会学的エスノグラフィーの特徴を受け継いでいますが，同時に心理学の研究法として導入されたことによる固有性もあります。共通点としては，① 人びとの生活に参加して人びとと交流しながら，研究対象とする集団・個人や特定の現象についてのデータを集めること，② フィールドを熟知する一方で，当事者に同一化することなく常に異人としての目も持ち続けること，③ 細部を緻密に見ると同時に，全体の構造や文脈も把握すること，④ データを収集しながら同時に収集しつつあるデータの分析を行い，研究の問いや問いの立て方を吟味・調整しながら，柔軟に問いを練り上げていくこと，の４点をあげることができます（これらの点については，第４講以降で詳しく述べます）。

　一方，人類学的・社会学的エスノグラフィーと心理学的エスノグラフィーの最も大きな違いは，「記述の単位」にあると言えるのではないでしょうか（柴山, 2004）。人間・文化・社会の３領域は，文化人類学が研究対象とする３本柱とされていますが，社会の記述を例にとると，1980年代までは，親族体系・婚姻関係・政治経済組織・儀礼と宗教などが記述の単位にされることが多かったと言われています（箕浦, 1999）。民族誌のスタイルも，これらの単位の機能的連関や構造を描く傾向が強かったようです。もっとも1980年代以降は，特定の事象に

焦点を当てた民族誌や人物中心の民族誌も書かれるようになりました（箕浦, 1999）。今日では，伝統的教育慣行と近代教育制度，伝統産業と科学技術など，複数の領域間の接面に焦点を当てたエスノグラフィーが産出されつつあります（山下・福島, 2005）。社会学では，社会集団・役割・階級・規範・行為などが記述の単位とされることが多く，これらの単位間の関係やメカニズムに焦点を当てた民族誌が書かれる傾向があるようです。

これに対して，心理学的エスノグラフィーでは，多くの場合，行為・発話・信念・相互作用などが記述の単位にされることが多いように見うけられます。心理学研究である以上，特定の状況を生きる個人の意味世界や心的変化などを明らかにすることが課題となり，そのためには行為・発話の微視的な発生過程や意味がやりとりされる過程を記録する必要があるからです。もちろん，フィールドで生成される行為・発話や相互作用を記述する場合でも，それらが生起した文脈とともに丸ごと記録することが観察の基本となります（箕浦, 1999）。

学問によって現象を見る視点やそれを読み解くための理論的枠組が異なりますから，どこに着目して何を単位にして観察データを記述するかが違ってくるのは，当然のことと言えます。以上を整理したのが表2-1です。心理学的エスノグラフィーの手法は，個人や集団の営

表2-1 文化人類学・社会学・心理学におけるエスノグラフィーの特徴

	文化人類学	社会学	心理学
共通点	・人びとの生活に参加して，人びとと交流しながら，データを集めること。 ・フィールドを熟知する一方で，常に異人としての目も持ち続けること。 ・細部を緻密に見ると同時に全体の構造や文脈も把握すること。 ・データ収集と収集しつつあるデータの分析を同時に行い，研究設問を柔軟に練り上げていくこと。		
差異点 　記述の単位	親族体系・婚姻関係・政治経済組織・儀礼と宗教など。（特に1980年代まで）	社会集団・役割・階級・規範・行為など	行為・発話・信念・相互作用など

みが数値化されるときに取りこぼされてしまう人びとの経験の複雑さや多様さに目を向け，人びとの経験を人びとの視点から深く理解するとともに，社会的活動の中で人びとの心的な働きを捉えようとする手法なのです。子どもエスノグラフィーは，エスノグラフィーの中でも主に心理学的エスノグラフィーに依拠しています。

この講のまとめ

　　エスノグラフィーとは，1920年代に文化人類学で開発された質的研究法で，1980年代以降，心理学の研究法としても導入されるようになりました。心理学的エスノグラフィーは，① 人びとの生活に参加して人びとと交流しながら，② 人びとの視点と外部者の視点という複眼を持って，③ フィールドの人びとの日常世界を微視的かつ包括的に観察し，④ データ収集とデータ分析を繰り返しながら研究設問や仮説を精緻化させていく点で，人類学的・社会学的エスノグラフィーとの共通点を持っています。その一方で，行為・発話・信念・相互作用などを記述の単位にして人びとの生活世界や意味世界を描く点は，心理学的エスノグラフィーの特徴と言えます。

発展学習のための文献ガイド

- 佐藤郁哉，1992『ワードマップ　フィールドワーク』新曜社.
  社会学におけるフィールドワークの具体的な技法とその理論的背景について解説した入門書。項目ごとに読み切りの形で書かれているので，フィールドワーク事典のように使うことができます。
- 鯨岡峻編訳・鯨岡和子訳，1989『母と子のあいだ：初期コミュニケーションの発達』ミネルヴァ書房.
  初期の母子間コミュニケーションに関する19編の論文と編訳者自身の論文を集録した研究書。特に編訳者の論考である第11章は，「関与しながらの観察」「間主観的な把握」など，質的研究の理論的・方法論的な基底を考える上で示唆的です。
- やまだようこ（編），1997『現場(フィールド)心理学の発想』新曜社.
  発達心理学・教育心理学・臨床心理学・社会心理学・性格心理学を専

門とする心理学者が，現場における自らの経験を語りながら現場心理学についての考えを展開した論集。現場心理学の産みの親である編者の論文，「モデル構成をめざす現場心理学の方法論」が再掲されています。

- 箕浦康子（編），1999『フィールドワークの技法と実際：マイクロ・エスノグラフィー入門』ミネルヴァ書房.

    心理学的エスノグラフィーを学ぶための必読書。同書は，東京大学教育学部演習（心理学的エスノグラフィーの授業）の記録ですが，前半で心理学的エスノグラフィーの理論と技法について解説され，後半で同手法を実際に使った研究例（5つの論文）が紹介されています。

第3講

研究のタイプと
データ収集法

◆講義内容
1．心理学における子ども研究の過程
2．仮説検証型研究と仮説生成型研究

海外調査で訪れたブラジル・ロンドリーナ市の公立保育園。1歳児から5歳児までを保育する同市最大の保育園で，周辺地域から大勢の子どもがこの園に通ってくる。

1. 心理学における子ども研究の過程

　すでに述べたように、心理学的エスノグラフィーは、参与観察とインタビューを主要な技法としています。もちろん見てデータを取る技法（観察法）も聞いてデータを取る技法（面接法）も、従来の心理学研究で使われてきたデータ収集法です。今回と次回の講義では、従来の心理学研究法との異同を確認しながら、子どもエスノグラフィーの特徴を見ていくことにします。今回は、子どもを対象にした心理学研究の大まかな流れの中で、データ収集がどのように位置づくのかを確認します。

　一般に心理学研究は、決して単線的な過程ではなく、ある1つのテーマをめぐって、データの収集と考察とが行きつ戻りつしながら次第に認識が深められていく過程です（市川, 2001）。教育心理学者の市川伸一氏は、心理学研究の全過程を表3-1に示したような、4つの段階に整理しています（市川, 2001）。ここでは、彼の整理に基づいて、心理学研究の過程を詳しく見ていきましょう。

表3-1　心理学研究の全過程（市川, 2001から筆者が作成）

第一段階：問題の設定
第二段階：データの収集
第三段階：データの分析と解釈
第四段階：研究の発表

　第一段階の「問題の設定」とは、これから自分が解明しようとする問題を決めることを言います。別の言い方をすれば、「自分はこの研究で何を明らかにしたいのか」という「研究設問」をはっきりさせるということです。研究設問は、「リサーチ・クエスチョン（research question）」とも呼ばれていますが、自分が研究で答えを出そうとするための問いを立てることが研究の出発点になります。本書を手に取られた方の多くは、子どもや子どもに関わる何かに関心を持っていることと思います。「児童館で保育ボランティアをするようになってか

ら，子どもの自己主張のしかたに興味を持つようになった」などというように，日常的な経験から子どもへの関心が生じることもあるでしょう。あるいは大学で子どもの発達や保育に関する講義を聞くうちに，研究関心が育まれることもあるでしょう。

いずれにしても，子どもについて抱いている何らかの関心を研究設問の形にすることは，実はとても難しいことなのです。特に卒業論文研究として初めて子ども研究をするような場合，研究設問を決めることはそう容易なことではないかもしれません。というのも，たとえば「子どもの自己主張について調べたい」と思ったとしても，それを実際に調査・研究するためには，それが可能なように，設問をもっと精密にしなければならないからです。しかし，「自分は子どもの何に関心があって何を知りたいのか」を考え続けることは大切です。考え続けるなかで，自分の関心に関連する研究を調べ，自分の研究関心を絞り込み，最終的には論文が書けるような設問に組み替えていくことができるのです。一例をあげれば，「子どもたちのしりとり遊びっておもしろいな」という関心は，「子どもはいつからしりとりをするようになるのか」という研究設問に組み替えることによって，実際に確かめることができるのです（高橋, 1997）。

第二段階は，「データの収集」です。データとは，一般に「研究対象についての情報を記述したもの」（市川, 2001, p.12）を言います。子どもを対象にした心理学研究でデータと言えば，「対象とする子どもやその子どもが参加する集団などについての研究情報を記述したもの」と言うことができるでしょう。この段階では，自分が設定した研究設問を解くために，どのような手法で／何歳くらいの子どもを対象にして／どのようなデータを取ればいいのかを考えて，実際にデータ収集を行うことになります。心理学の研究には，本講の2．で説明するように，「仮説検証型研究」と「仮説生成型研究」の2種類がありますが，そのいずれをとるにしても，心理学研究では研究設問を解くための適切なデータを集めることが不可欠となります。

第三段階は，集めたデータを分析して解釈する段階です。得られたデータを分析し解釈することは，データを集めることと並んで心理学研究の中核になる部分です。集めたデータをどのように分析し，その

データが何を意味しているのかを探ることを,「データを解釈する」と言います。

　第四段階の「研究の発表」とは,自分が集めたデータを特定の視点から分析して解釈した結果を,口頭発表あるいは報告書や論文の形にまとめて公表することを言います。研究発表をすることは,自分の研究成果を他者に伝えるだけでなく,自分自身が集めたデータをより深く解釈し直すことでもあります。報告や論文にまとめることで,自分の分析結果を他者に伝えることが可能となり,子どもに関する研究や実践に役立てることができると同時に,自分と関心を共有する他者に研究を発表して他者から指摘や助言をもらうことによって,自分の考えを練り直したり,データの意味を再発見したりすることがあります。

　このように,心理学的な子ども研究は,4つの段階を経て進んでいきます。見る技法を使うにせよ聞く技法を使うにせよ,データ収集はそれのみで完結するものではなく,心理学研究の全過程の一段階に他なりません。

2. 仮説検証型研究と仮説生成型研究

　心理学研究には大きく分けて,仮説の検証をめざす「仮説検証型研究」と,仮説の生成をめざす「仮説生成型研究」の2つのタイプがあります。仮説生成型研究は,「仮説探索型研究」とも呼ばれています。1.で心理学研究の大まかな流れを見ましたが,実はどちらのタイプの研究を選ぶかによって,研究の進め方が少し違うのです。

(1) 仮説検証型研究と仮説生成型研究の手順の違い

　「仮説検証型研究」というのは,あらかじめ立てた仮説が正しければどのような結果が生じるか,逆に正しくなければどのような結果になるのかをこれまでの研究結果などから推論して仮説的な命題を立て,実験や調査によって得たデータに基づいてその真偽を確かめる研究を言います（市川, 2001）。これに対して,「仮説生成型研究」は,興味のある対象や事象について観察や面接をしてデータを集めることから始め,そこから得られたデータに基づいて理論的な説明やモデルを構築

表3-2 仮説検証型研究と仮説生成型研究における研究の手順

研究の段階	仮説検証型研究	仮説生成型研究
第一段階 問題の設定	① 探索的な観察や先行研究の検討をして，研究設問を設定する。 ② 仮説を立てる。 ③ データ分析の概念を決める。	❶ フィールドの全体像を把握する。 ❷ フィールドで現実を繰り返し見て，研究設問と観察の焦点を設定する。
第二段階 データの収集	④ 実験を計画し，データを集める。	❸ 焦点を当てた事象を中心にデータを集める。データを見ながら，研究設問を練り直し，観察の焦点を再設定する。 ❹ データを集めながら，データ分析の概念を模索する。
第三段階 データの分析と解釈	⑤ データを分析する。 ⑥ 仮説の支持／棄却を確認する。 ・仮説が支持されたとき → ⑦へ進む。 ・仮説が棄却されたとき → ②に戻り仮説を修正し，再度データを収集する。 ⑦ モデルを構築する。	❺ データから析出された暫定的概念を使ってデータを分析する。 ・概念の析出がうまくいったとき → データを蓄積する。 ・概念の析出がうまくいかないとき → ④に戻り分析概念を作り直して，新たなデータを収集する。 ❻ データの意味を解釈する。 ❼ モデルや仮説を提示する。
第四段階 研究の発表	⑧ 口頭発表あるいは報告書や論文として公表する。	❽ 口頭発表あるいは報告書や論文として公表する。

［注］表中の矢印は，段階間の相互関連性を示している。

することをめざす研究を言います（市川，2001）。

　従来の心理学研究においては，仮説生成型研究は仮説検証型研究の仮説を準備するための探索的で予備的な研究として位置づけられてきました。しかしながら，近年になって，仮説生成型研究も独自の目的と方法論を持つ研究タイプとして，その意義が認識されるようになり（尾見・伊藤，2001；無藤他，2004），方法論的な整備が進みつつあります（箕浦，1999）。

　仮説検証型研究と仮説生成型研究を研究の手順という視点から整理したのが表3-2です。まず仮説検証型研究では，問題設定の段階では，自分が明らかにしようとする現象を自然場面で観察したり，それに関係する研究（「先行研究」と言います）を調べたりして（ステッ

プ①),「理論的にはこのようになるはずである」と考えて,自分の問題意識を「仮説」の形に作り直します（ステップ②)。仮説とは,問題意識を実験したりデータを集めたりできるような形の問いに絞り込んだものを指します。漠然とした問題意識を実験によって確かめることができるような問いにすることを,「仮説を立てる」と言います。仮説検証型研究の場合は,仮説を立てることが最大の難関と言われています。また,仮説検証型研究では,仮説を立てるときに,集めたデータを分析する概念も前もって決めておきます（ステップ③)。

次のデータ収集段階では,設定した仮説を証明できるような実験計画を考えて,データを集めます（ステップ④)。自分が設定した仮説を証明するためには,何歳の子どもにどのような課題をやってもらえばよいのかを考えて実験を計画し,実験を実施してデータを収集します。

データの分析・解釈の段階では,得られたデータをすでに決めた概念で分析することによって（ステップ⑤),自分の仮説が証明されたのか／証明されなかったのかを吟味します（ステップ⑥)。その結果,仮説が支持された場合には,対象とした現象全体を記述できるモデルを構築し,構築されたモデルが従来の知見と矛盾しないかどうかを検討します（ステップ⑦)。仮説が棄却された場合は,新しい仮説を立てて,もう一度実験をします。

一方,仮説生成型研究の場合,問題設定の段階では,自分が関心を持つ事柄が生起しているフィールドへ行き,「実際にはどのようになっているのか」と,現実をよく見ることから出発します（ステップ❶)。初めから観察の焦点を絞らずに,自分が明らかにしようとする現象を繰り返し観察し,観察しながら研究設問と観察の焦点を決めていく点に特徴があります（ステップ❷)。実際に観察してみると,「暫定的に決めた視点よりも別の視点から見た方が現象をうまく捉えることができそうだ」というように,研究開始時の予想と現実の間にズレが生じることがあります。このため,仮説生成型研究では,フィールドでの手ごたえを見ながら柔軟に研究設問を練り直し,それを踏まえて観察の焦点を決め直して,データを集めていきます（ステップ❸)。

また，データの分析においても最初から分析概念を決めずに，データを集めながら分析概念を見つけていきます（ステップ❹）。「今，集まりつつあるデータをどういう視点から分析したらうまく説明できるだろうか」と，データに根ざして分析概念を析出し，それを使ってデータの分析を進めます（ステップ❺）。暫定的に決めた概念がデータをうまく説明できる場合にはさらにデータを蓄積し，うまく説明できない場合には分析概念を作り直して，データを取り直します。もちろんこれと並行して，先行研究や関連研究の検討を通して，自分の分析の視点を明確にすることも欠かせません。データに即した概念でデータを分析した結果，何が発見でき，それはどのような意味を持っているのかを解釈します（ステップ❻）。こうした循環過程の中で仮説の萌芽が発見されることも多く，データを補足しながらその萌芽を精緻化していくことが繰り返されます。最終的には，解釈の結果を理論的モデルあるいは仮説として提出することがめざされます（ステップ❼）。

　以上に見てきたように，仮説生成型研究では，第一段階（問題の設定）と第二段階（データの収集）の間，さらには第二段階と第三段階（データの分析と解釈）の間を何回も往復しながら，少しずつ精緻化させていく点に大きな特徴があると言えます。

（2）2つの研究タイプとデータ収集法との関係

　最後に，2つの研究タイプとデータ収集法との関係を見ておきましょう。心理学の代表的なデータ収集法には，「実験法」「質問紙法」「観察法」「面接法」などがありますが，研究のタイプとデータ収集法との間には，相性の良し悪しがあります。実験法と質問紙法は，仮説検証型研究でよく使われるデータ収集法です。これに対して，観察法や面接法は，仮説生成型研究で使われることが多い傾向があります。特に観察法のうち，質的データの収集が可能な技法（逸話記録法や日誌法など）やエスノグラフィーの手法は，仮説生成型研究を行う上で有効なデータ収集法と言えます。

　これから子ども研究に取り組む場合，自分はいったい子どもの何を知りたいのか，そのためにはどちらのタイプの研究を選べばよいのか，

その研究に最も適したデータ収集法はどれなのかを考える必要があります。

この講のまとめ

　心理学研究には，仮説的命題の真偽を確かめる「仮説検証型研究」と社会的現実に根ざして新しい仮説を提出する「仮説生成型研究」の2つのタイプがあります。いずれも，「第一段階：問題の設定」→「第二段階：データの収集」→「第三段階：データの分析と解釈」→「第四段階：研究の発表」という4つの段階を経て進む点では同じですが，具体的な研究の進め方には違いがあります。仮説検証型研究では，「仮説の設定」「分析概念の決定」「データ収集」「データ分析」が時間軸にそって進むのが一般的ですが，仮説生成型研究では，「焦点の限定化」と「データ収集」，「データ収集」と「分析概念の設定」が同時に，かつ相互依存的に進む点に特徴があります。

発展学習のための文献ガイド

- 南風原朝和・市川伸一・下山晴彦編，2001『心理学研究法入門』東京大学出版会.
　　観察・面接調査研究，実験研究，実践研究の3本柱を立てて，心理学研究法について解説した入門書。特に心理学研究とは何かを述べた第1章は，初めて心理学研究に取り組む初学者が心理学研究の基本を理解する上で有益です。

「見る」技法としての参与観察

◆講義内容
1. 心理学研究における観察法
2. 自然観察法の種類
3. 逸話記録法と参与観察

海外調査で訪れた中国・北京市の幼児園。配膳を待つ間、李白の詩を暗誦する5歳児クラスの子どもたち。

１．心理学研究における観察法

　従来の心理学研究で使われてきた観察法が子どもの発達のどのような側面を捉えるための手法として開発され使用されてきたのかを確認した上で，エスノグラフィーの手法における参与観察の特徴を理解することが，今回の講義の目的です。

　心理学研究法としての観察法とは，「人間や動物の行動を自然な状況や実験的な状況のもとで観察，記録，分析し，行動の質的，量的な特徴や行動の法則性を解明する方法」（中澤, 1997, p.4）と定義されています。心理学では広く人間や動物を対象に観察をしますが，本書では子どもを対象にして研究をする場合を想定して，さまざまな観察法を見ていきたいと思います。

（１）自然な状況での観察と実験的な状況での観察

　上述の観察法の定義には，「自然な状況」と「実験的な状況」という２つの観察の状況が示されています。自然な状況での観察というのは，観察者による人為的操作を加えず，日常生活の流れをなるべく壊さずに子どもの言動を観察し記録するやり方を言います。つまり，子どもの行動を統制せずに普段の状況にできるだけ近い状態で観察するもので，このような観察法は「自然観察法」と呼ばれています。保育園や幼稚園で，園児たちが自分の考えや好みに従って自発的に遊んでいる姿を観察するのは，自然観察法を使った観察の例です。もちろん観察者がどんなに保育者や園児の邪魔にならないように観察しても，観察者がその場にいること自体が園児や保育者の行動に影響を与えることは否定できません。

　一方，実験的な状況での観察とは，研究者側があらかじめ観察したい事柄が生起しやすいような状況を設定し，その事柄がどのように生起するのかを観察して記録するやり方を言います。こうした観察法は，「実験的観察法」と呼ばれています。たとえば，幼児の仲間入り行動を知るために，あらかじめ頼んでおいた子どもたちが遊んでいる場面に幼児を１人ずつ連れていって，どのようにして遊び仲間に入れても

らうかを観察するというものがあります（中澤，1997, p.5）。

　実験的観察法の長所は，比較的短時間のうちに観察者が見たい事柄を集中的に見ることができるだけでなく，適切な仮説を設定し観察対象者の行動をある程度制御することによって，どういう条件のときにどのようになるかなど，子どもの行動に影響を与える要因を明らかにできることです。その反面，観察される子どもにとって，観察者が設定した行動環境が普段の状況とは違う非日常的な事態である場合には，子どもの普段通りの行動を観察できないこともあります。

（2）行動の量的特徴と質的特徴

　次に観察法の定義には，人間行動の「質的，量的な特徴や行動の法則性を解明する」という記述があります。子どもの行動の「質的な特徴」「量的な特徴」とはどのような特徴を指しているのでしょうか。

　量的な特徴というのは，特定の行為が何回生起したか，その行為には何種類の下位カテゴリーがあるかなど，回数や頻度に代表されるような，数字や量で表すことができる特徴と言えるでしょう。たとえば子どもの積み木遊びの様子を見て，一緒に遊んでいるA君とB君がそれぞれ何回積み木に触ったかを調べたり，積み木をどのように使ったか，積み木を何かに見立てて遊んでいたとしたら，その見立ての種類と頻度などを調べたりするような場合です。一般に数値で表現されたデータは，「量的データ」と呼ばれています。

　これに対して，質的な特徴とは，量的な特徴との関係で言うと，「数字では表すことができない，子どものこころの動きや行動についての特徴」と言えるかもしれません。では，「数字では表せないような特徴」とは，どのようなものでしょうか。

　1つの例として，幼稚園児が積み木遊びをしている場面を想定しましょう。S君が積み木で一所懸命滑り台を作っているとしましょう。S君は，S君なりにいろいろと試行錯誤しながら，ああやったりこうやったりして，自分のイメージ通りの滑り台を積み木で作ろうとしています。子どもが何を考えて行動しているのかということは，数字では表現しにくいでしょう。また，仮に積み木でイメージ通りの滑り台が完成したとして，その時にS君が抱く達成感・充実感や喜びなどの

感情も，なかなか数字で表すことは難しいものです。

　子ども自身の意図や感情以外にも，数字で表すのが難しい別の側面があります。たとえば積み木で滑り台を作っていたS君が，遊びの途中で泣きながら怒ったとします。S君が一所懸命滑り台を作っているのを友達も応援して，妨害したりわざと壊したりした様子はありません。では，なぜS君は泣きながら怒ったのでしょうか。S君の言動をそれが起きた具体的な状況の中で詳細に見ていると，"自分のイメージ通りに作れないことの悔しさ"から泣くという行動に至ったものと推定されます。子どもの行動の意味を理解するには，その子どもだけを見るのではなく，他者とのやりとりやそこで見せる感情や表情を，それが起きた状況全体の中に位置づけて捉えることが欠かせないのです。このような状況というのも，数字で表すのが難しいものです。

　したがって，子どもの行動を質的に分析するということは，「観察対象とする子どもの行動や発話を他者とのやりとりや具体的な状況の中に位置づけて，当事者である子ども本人にとっての行動の意味（考えや気持ち）を探ること」と言えるかもしれません。こうした質的な分析をするためには，S君はこういう状況のときにこういうことをしたとか，誰とどのようなやりとりをしているときにどのようなことを言ったという観察の記録が必要です。そして，その記録には，遊びの場所・遊びの流れ・使用遊具などを含めた具体的な状況が書き込まれている必要があります。必要に応じて，保育者へのインタビューを記録した会話記録，保育者の日誌や子どもの作文などの言語記録も収集することがあります。このように文字で書き表されたデータは，一般的に「記述的データ」と呼ばれ，量的データとの対比で「質的データ」とも呼ばれています。

（3）自然状況下で得られた質的データへの注目

　1970年代後半から，世界的に心理学研究で観察法を使う人が増えつつあります。日本でも，1989年に設立された日本発達心理学会の論文集である『発達心理学研究』を調べてみると，観察法を使った研究は全体の27.6％を占めています（中澤，1996）。特に最近では，観察法の中でも自然状況下で得られた質的なデータの持つ価値が評価されつつ

あります。なぜ子どもの育ちを理解する上で，子どもの言動をそれが起きた状況ごと記録した質的データが注目されているのでしょうか。

　質的データへの志向の背後に見られる研究動向として，2つの動きがあるように思います。1つは，「社会的文脈の切り捨てから取り戻しへ」と呼べるような動きです。従来，心理学における子ども研究では，対象とする子どもや親子に実験室まで来てもらい，そこで課題を出してやってもらい，そこでの子どもの反応や親子のやりとりを観察するというやり方が主流でした。もちろんこのやり方で明らかになることもたくさんあるのですが，日常生活から切り離された子どもや親子の姿だけを見ていても，子どもが状況を読み取って行動したり，友達の動きをモニターしながら行動したりするような主体的な過程を知るのは難しいことでした。

　こうした限界もあって，子どもが日常的に参加している社会集団や社会的関係の中で，他者とのやりとりや子ども自身の変化を丁寧に見ることによって，言い換えれば，社会的文脈から切り離して観察してきた子どもを社会的文脈の中に戻して文脈ごと観察することによって，現実を生きる子どもの自然な営みを明らかにしようとする傾向が生まれてきたのだと思います。

　もう1つは，「厳密な測定から深い理解へ」と呼べるような動きです。子どもの行動を観察する場合に，ある子どもが，あるいはそこにいる複数の子どもが特定の行為を何回したか，何をどのくらいできるかを把握することが必要なこともあります。ある発達の時点における子どもの力を，たとえば友達とのけんかの回数とか1人で読めるひらがなの文字数といった量的なデータで把握しておくことは，子どもの状態を知るためにも今後の指導方針を立てる上でも必要なことでしょう。

　しかしながら，子どもの発達の結果ではなく発達の過程を理解しようとする場合には，子どもは日々の生活の中でどのような経験をしているのか，その経験のしかたは子どもによってどのように違うのかを，実際のエピソードややりとりに即して記録することが欠かせません。同じ保育園の同じクラスにいる園児でも，保育者の指示を受容する子どももいれば拒否する子どももいますし，好きなオモチャでなくても

我慢して使う子どももいれば、お気に入りのオモチャでないと我慢できない子どももいるでしょう。それゆえ、子どもが育ちつつある過程を理解するためには、「何歳児」という抽象化された子どもではなく、名前と個性を持った1人の子どもとして、その子どもの経験をその子どもの視点から捉えていくことが欠かせないように思うのです。

　このような個人的過程は、やはり記述的データでないと十分に表せないものでしょう。質的データへの熱い視線は、子どもの行動を量的データに落とす際に消えてしまいがちな一人ひとりの子どもの主体を、回復させようとする動きと言えるかもしれません。

2．自然観察法の種類

　ここでは、自然観察法を取り上げ、代表的な観察技法を簡単に紹介します。自然観察法と言っても、何の視点も持たずに目の前で起こることをただ記録すればよいというわけではありません。子ども研究のための子どもの観察は、「意識的に見て、見た世界について何らかの解釈をする」ことを含むもので（箕浦, 1999）、それゆえに訓練が必要となるのです。自然観察法には、大きく分けて「組織的観察法」と「日常的観察法」の2種類があります（図4‐1参照）。

組織的観察法 ⇨ 時間見本法
　　　　　　　事象見本法
　　　　　　　場面見本法
　　　　　　　評定尺度法

日常的観察法 ⇨ 日誌法
　　　　　　　逸話（エピソード）記録法

図4‐1　自然観察法の種類と技法

（1）組織的観察法

　組織的観察法とは、「一定の目的に従い、ターゲットとなる行動を限定して行う観察法」（戸田, 1992, p.1188）を言います。組織的観察法では、事前に研究目的を明確にして仮説を立てた上で、何を観察する

かを決めておく必要があります。代表的な技法として，「時間見本法」「事象見本法」「場面見本法」「評定尺度法」の4つの技法があります。

① 時間見本法

　時間見本法は，一連の行動の流れを観察者が決めた時間間隔に分けて，観察時間内に生起した行動の種類や頻度などを観察するための技法です（中澤, 1997, p.14）。たとえば，子どもが遊んでいる公園に行き，1分間観察してその後の30秒間に観察した行動を記録することを30分間繰り返すとすると，「観察1分＋記録30秒＝1分30秒」が観察の単位になります。このセットを20回行うことによって，子どもが30分間という遊びの中でどの遊びを何回やったか，どの遊具を何回使ったかを把握することができます。

　時間見本法の長所は，ターゲットとする行為について集中してデータが取れるので，時間を効率的に使えることです。また，たとえば公園を遊び場とする子どもたちがどの固定遊具を何回使っているかを量的に観察すると，人気のある遊具とそうでない遊具があることがわかり，遊具の入れ替えをするときに，使用頻度が低いものを撤去して，高い使用頻度が期待される遊具を新しく購入するというようなことも可能かもしれません。このような場合，利用頻度のような量的データが役に立つでしょう。

　短所は，観察時間外にターゲットとする行為が起きたとしても，それは記録の対象にはならないので，記録された回数と実際の回数との間にズレが生じてしまうことです。

② 事象見本法

　事象見本法は，あらかじめ観察すべき事象（特定の行動）を決めて，その行動がどのように生起し展開するのかを，それが生じた文脈の中で組織的に観察するための技法です（原野, 1997, p.24）。たとえば幼稚園児の遊びのうち，「砂遊び」という事象に絞って，園児が砂遊びをするたびに観察をするような場合があります。園児の年齢と遊び方を観察することで，3歳児と4歳児と5歳児では同じ砂遊びと言っても遊び方の内容がどのように違うのかという，年齢的な発達を見ること

ができるかもしれません。

　この技法の長所としては，焦点を当てた事象（行動）がどういう状況の中でどのように起きているかを捉えやすいことです。短所としては，対象とする事象が起きるまで待っていなければならず，データ収集に時間がかかることです。

③ 場面見本法

　場面見本法とは，日常生活の意味ある場面でどのような行動が生起するかを記録する技法を言います。保育園に通う子どもにとって，自由遊びの場面と給食の場面は園児がその保育集団で必要とされる行為を学習する重要な場面であると考えて，それぞれの場面でどのような種類の行為がどのように学習されているのかを記録するのは，場面見本法を使った子ども研究の一例（柴山, 2001）です。

　場面見本法においても，事象見本法の場合と同様に，注目した場面で生起した特定の行為がどのような状況の中でどのように展開しているかを捉えることができるのが長所ですが，場面の鍵となる行為が起きるまで待つ必要があり，データ収集に時間がかかるのが短所と言えるでしょう。

④ 評定尺度法

　評定尺度法は，観察した行動の程度や印象を数値的に評価するための技法です（中澤, 1997）。子どもの行動を観察する前に，評価する項目（例：「熟慮的である」）とその行動の程度を数字で表すための尺度（1：まったくそうでない／2：あまりそうでない／3：ややそうだ／4：まったくそうだ，など）を用意しておき，それを使って子どもの行動を評定します。幼児期の自己主張と自己抑制の発達のしかたを調べるために，「いやなことは，はっきりいやと言える」「ブランコやすべり台を何人かの友達と一緒に使える。かわりばんこができる」といった項目を作成し，一人ひとりの園児の行動について，「きわめて多い」から「ほとんどない」を両極とする5段階尺度の該当するところに○をつけて評定する場合（柏木, 1988）などを考えるとよいでしょう。

この技法の長所は，一定時間観察すれば効率的に記録が取れることですが，短所は，観察者の印象に依存するため，評価に偏りが生じやすいことです。

（2）日常的観察法

日常的観察法とは，「何の制限もせずに対象の行動をすべて観察する」方法です（戸田，1992）。代表的な技法として，「日誌法」と「逸話（エピソード）記録法」があります。

⑤ 日誌法

日誌法は，観察法の最も古い形態で，新しい行動の発現や特徴的な行動に着目して，日誌形式で1人の子どもの行動の変化過程を記録するための技法です（中澤，1997）。日誌法は，子どもの研究をしている研究者だけでなく，実践家や子育て中の親にも広く使われています。臨床家によるクライエント（相談をする人）の記録，保育者が書く保育日誌，親が書く育児日誌などは，その代表的なものです。

日誌法の長所は，子どもの身近にいる者が日々の具体的な言動を記録していくので，個人の縦断的な変化過程を具体的に把握できる点にあります。短所としては，対象児の固有性による偏りがあることと，観察者の主観が入り込みやすく，一般性に欠けることがあげられます。しかしながら，親が研究者である場合，日誌法の技法や発達の理論を習得した上で，親でなければ書けないような日誌を書くこともできるのです（矢野・矢野，1986；やまだ，1987）。

⑥ 逸話（エピソード）記録法

逸話（エピソード）記録法は，偶然起きたさまざまな出来事を人物の行動や発話の記録として記録するための技法を言います（中澤，1997）。逸話（エピソード）の記録のしかたは，個人に限らず，その個人が属する集団にいる多数の人びとの行動や発話を包括的に記録する点に特徴があります。

逸話（エピソード）記録法の長所は，日常生活での子どもの自然な言動をかなりありのままに近い姿で観察できることです。子どもたち

が普段通りにやっている様子を見るわけですから，子どもに実験室に来てもらって課題をやってもらう場合と比べると，子ども自身が感じる緊張感や制約感はより小さいと思われます。

短所は，逸話（エピソード）が自然に起こるのを待つ必要があることから，データ収集に多大な時間がかかることです。加えて，人や物や状況が複雑に絡み合う日常生活の中で，子どもの行動を広範に捉える特徴を持つことから，子どもの行動に関わる原因や因果関係を特定するのが難しいこともあげられます。

以上，「見ること」を基本とする技法のうち，自然状況下で子どもの姿を見る際に使用される観察法にはどのような種類があり，それぞれどのような特徴を持っているのかを見てきました。最後に，上で紹介した6つの技法を，1．で述べた「量的データ」「質的データ」という視点からも整理しておきましょう（図4-2参照）。

〈量的データ〉	〈質的データ〉
時間見本法	
	事象見本法
	場面見本法
評定尺度法	
	日誌法
	逸話（エピソード）記録法

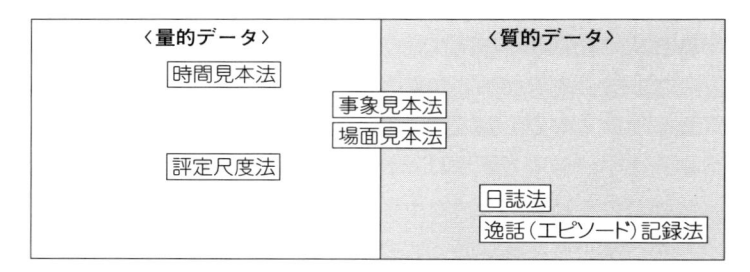

図4-2　自然観察法の技法と収集可能なデータの種類

時間見本法は，ある時間枠の中で特定の行動がどのくらい起きているのかを観察する技法ですから，子どもの行動に見られる傾向を「何回」「多い／少ない」というように，数量として表現することができます。したがって，子どもの行動の量的な特徴を捉えたいときに適しています。事象見本法は，特定の行動の頻度や持続時間を観察すれば量的データを取ることもできますし，特定の行動の展開の様相を観察すれば質的データを取ることも可能です（原野，1997）。

第2講で述べたように，この2つの観察技法が開発されたのは，目に見えない人間のこころを客観的に理解するためには，目に見える行

動だけを観察しようという動きが強まった1920年代でした。この2つの技法は，子どもの行動を客観的に測定するための技法として生まれましたが，ことばを十分に話せない乳幼児の研究も可能となるため，広く使われました。まず時間見本法が導入され，続いて時間見本法の弱点（行動の量的側面にしか適用できないこと）を補う技法として，行動の文脈もデータに取り込める事象見本法が使用されるようになりました（原野, 1997）。

　場面見本法も，ある場面で特定の行為が何回起きたかを観察することもできますが，その場面で誰がどのように関与しており，どの行為が重要な位置を占めているのかなど，質的なデータを取ることもできます。

　また，評定尺度法は，量化しにくい領域の行動を量的に扱うのに適しています（中澤, 1997）。

　日誌法や逸話（エピソード）記録法は，具体的な状況の中での1人の子どもの行動や複数の子どもの相互作用を記述的データとして記録する技法であることから，質的データの収集に適した技法と言えます。

　どの技法も1つで万全というわけでなく，うまく捉えることができる側面が違うのです。ですから，自分は子どものどのような側面を知りたいのかを考え，その知りたい側面を記録する上で，どの技法が適しているのかを見定めることが大切です。

3．逸話記録法と参与観察

　一般にエスノグラフィーの手法における「見る」技法は「参与観察」と呼ばれており，「現地社会の生活やその社会における活動に参加しながら行う一種の『密着取材』ないし『体験取材』的な社会調査法」（佐藤, 2002, p.x）と定義されています。本書でも心理学的エスノグラフィーの手法における「見る」技法を指す用語として，「参与観察」を使用することにします。

　2.で取り上げた自然観察法の中で参与観察に一番近いのは，日常的観察法の一技法である「逸話（エピソード）記録法」だと言われています（中澤, 1997, p.7）。確かに逸話記録法も研究対象とする人びとの日常生活に何らかの形で参加してデータを取るので，観察の形態か

ら見れば「参与観察法」の1つと呼ぶことができます。日常生活の流れを人為的に操作したり壊したりしないようにして人びとの生活に参加し，研究対象とする個人や集団の人びとの行動・発話や偶発的に生じた出来事を記述的データとして記録する点は，逸話記録法と参与観察に共通に見られる特徴です。比較的長期間にわたって観察を続けることも，もう1つの共通点と言えるかもしれません。とは言っても，参与観察では1年から2年，時には数年もの長期間にわたってフィールドワークをするのが一般的なので，逸話記録法よりも観察期間が長い傾向があると言えるでしょう。

その一方で，参与観察には，逸話記録法では明確に打ち出されていないいくつかの特徴があります。別の言い方をすれば，参与観察は，単に"フィールドの人びとの生活や活動に参加しながらデータを取る"という観察形態だけにその特徴があるのではなく，固有の特徴を持った技法として形成されてきたのです。

参与観察が持つ固有の特徴として，① 第三の視点，② 微視的視点と巨視的視点のバランス，③ 見ることと考えることの相互依存性，④ 観察の立場の柔軟性，⑤ 開放性，の5つをあげることができると思います。

第1の「第三の視点」とは，フィールドの人びとという当事者の視点（第一の視点）と部外者の視点（第二の視点）を併せ持った視点を言います。参与観察では，フィールドの人びととほとんど同じようにフィールドについて熟知するだけでなく，フィールドにあるものや人びとの営みを常に「異人の目」からも見るのです。異人の目とは，当事者にとっては「当たり前」の事柄を，常に異文化を探検するような眼差しで見ることを言います。つまり第三の視点からフィールドを複眼的に見ることによって，当事者よりもより深くフィールドの人びとの日常を理解することをめざすのです。

第2の「微視的視点と巨視的視点のバランス」とは，人びとの生活や活動を詳細に観察するだけでなく，生活・活動の全体構造やフィールドを取り巻く制度的・社会文化的環境や状況にも注意を払いながら観察することを言います。

第3の「見ることと考えることの相互依存性」とは，観察しながら

研究設問を見つけたり，手持ちのデータを見ながらデータ分析の概念を模索したりすることを言います。観察している現象に観察者がすでに持っている特定の理論を当てはめるのではなく，現実の中から問いを立ち上げ，その問いに沿ってデータを集め，データに根ざして分析概念を見つけていく点に，参与観察の特徴があります。

第4の「観察の立場の柔軟性」とは，参与観察では観察者の立場は固定的なものではなく，フィールドの人びととの関係や観察のねらいに応じて観察の立場を柔軟に変えていくことを言います。最初は観察に専念していたのが，徐々に活動を手伝いながら観察するようになったというように，「観察」と「参加」の比重を柔軟に変えながら観察を進めていく点に特徴があります。

第5の「開放性」とは，エスノグラフィーの手法では参与観察とインタビューを主要な技法としながらも，データ収集の手法を1つに固定化・限定化することはせずに，調査法・テスト法や資料収集など，複数の技法をうまく組み合わせてデータ収集をすることを指します。以上を整理したのが表4-1です。(なお，これらの特徴については，次講以降で詳しく解説します。)

表4-1 逸話記録法との対比から見える参与観察の特徴

参与観察と逸話記録法の共通点	・日常生活の流れを人為的に操作したり壊したりしないようにして人びとの生活に参加する（参与観察の方が長期にわたって観察する傾向がある）。 ・研究対象とする個人や集団の人びとの行動・発話や偶発的に生じた出来事を記述的データとして記録する。
参与観察固有の特徴	① 第三の視点（フィールドの人びとの視点と部外者の視点の両方から人びとの日常世界を理解する。） ② 微視的視点と巨視的視点のバランス（人びとの生活や活動を詳細に観察すると同時に，生活・活動の全体構造やフィールドの社会文化的文脈なども幅広く観察する。） ③ 見ることと考えることの相互依存性（観察しながら研究設問を決め，観察データからデータ分析の概念を見つける。） ④ 観察の立場の柔軟性（フィールドの人びととの関係や観察のねらいに応じて，観察と参加の比重を柔軟に変えながら観察する。） ⑤ 開放性（参与観察とインタビューを主要技法としつつも，調査法・テスト法・資料収集などの複数の技法を組み合わせる。）

この 5 点は，文化人類学や社会学で使われるエスノグラフィーの手法でも，基本的には同じだと思います。本書で提案する子どもエスノグラフィーとは，心理学的エスノグラフィーを基本にして，子どもが参加する社会集団（家族・保育・教育集団など）で繰り広げられる人びとの自然な営みを質的データとして記録し，それらを当事者の視点から分析するための手法ということができます。

この講のまとめ

　従来，心理学研究で使用されてきた自然観察法には，組織的観察法（時間見本法・事象見本法・場面見本法・評定尺度法）と日常的観察法（日誌法・逸話（エピソード）記録法）があります。子どもエスノグラフィーは，人びとの生活に参加して，研究対象とする個人や集団の人びとの行動・発話や偶発的に生じた出来事を記述的データとして記録する点で，逸話（エピソード）記録法に近い手法です。しかしながら，フィールドの人びとの視点と部外者の視点を併せ持った「第三の視点」から人びとの日常世界を解釈する点や微視的かつ巨視的にフィールドで生起する事柄を観察する点などは，子どもエスノグラフィーに色濃く見られる特徴と言えます。

発展学習のための文献ガイド

- 中澤潤・大野木裕明・南博文編，1997『心理学マニュアル　観察法』北大路書房．
　心理学マニュアルシリーズの 1 冊で，時間見本法・事象見本法・参与観察法・アクションリサーチの技法とそれを使った研究例をわかりやすく解説した入門書。心理学研究法の 1 つとしての観察法の概要を理解することができる好著です。

第5講

参与観察の過程

◆講義内容
1．フィールドとフィールドでの立場
2．観察の3段階
3．フィールドでのメモの取り方

フィールドワークをしていた東京都内のA保育園。自由遊び場面を参与観察している時のひとコマ。

1．フィールドとフィールドでの立場

　　質的データを取るためには，どのような手順で参与観察を進めていくかについて解説するのが，今回の講義の目的です。

（1）フィールド

　　子どもエスノグラフィーの手法の特徴の1つは，参与観察をはじめとする複数の技法を使って，子どもの自然な営みを子どもが生きる生活環境から切り離さないようにしてデータ化することにあります。と言っても，子どもの自然な姿が見られる場所であればどこでもよいわけではなく，研究の目的や見たいこと・知りたいことによって，どこを研究の現場にするかが違ってきます。たとえば，親子の絵本読みの場面を見たい場合には，小児病棟よりも家庭や児童館の方が適切かもしれません。つまり，フィールドとは，「研究しようとしていること，調べようとしていることが実際に起こっている場所・場面，あるいは出来事として直接体験される場所・場面」（南, 2004, p.14）を指します。

　　フィールドを選ぶ際には，自分の研究関心や研究目的と照らし合わせて，自分が一番見たい事柄が見られるような場所ないしは場面を選ぶことが大切です。筆者の場合，異文化の保育機関に入園した幼児の変化過程を知ることが目的であったために，外国人幼児が在籍している公立保育園（以下，「A保育園」と表記します）をフィールドとして選びました。

　　また，フィールドによってはエントリーの許可が必要な場所があるため，事前に許可が必要か必要でないかを確認する必要があります。保育園や幼稚園などで一定期間にわたって観察をする場合には，当然，園長をはじめとする関係者の許可が必要になります。

　　なお，フィールドエントリーに際して，研究協力者の人権や権利に十分に配慮する必要がありますが，この点については第12講で解説します。

(2) フィールドでの立場

　子どもエスノグラフィーの手法は，参与観察・インタビュー・調査法・テスト法・文献収集などの複数の技法を多角的に使って，子どもの言動を微視的かつ包括的に見て記録するための手法であることはすでに述べました。これらの技法の中でも参与観察は，エスノグラフィーの中心的な技法として使われることが多く，重要な位置を占めています。

　参与観察では，観察者（一般に「フィールドワーカー」と呼ばれます）が何らかの形でフィールドと関わりを持ちながらデータを取る点に特徴がありますが，文化人類学者のジェームズ・P・スプラドレー（Spradley, J. P.）は，フィールドワーカーの立場を表5-1に示したような，5つのタイプに分類しています（Spradley, 1980）。

表5-1　フィールドへの関与度から見たフィールドワーカーの5つのタイプ
(Spradley, 1980 の p.58 を修正して引用)

関与の度合い	参与のタイプ
高い	① 完全な参与（complete participation）
⇕	② 積極的な参与（active participation）
	③ 中程度の参与（moderate participation）
低い	④ 消極的な参与（passive participation）
（関与なし）	⑤ 参与せず（non-participation）

　「完全な参与」とは，正式メンバーとして本来の役割を持ってフィールドに参加しながら観察をする立場です。たとえば，幼稚園の先生が園児を観察するとか，日本語学校の教師が学習者を観察するような場合がこれに当たります。モールティング・ハウス校の教師をしながら子ども観察をした，1924年から27年までのアイザックス（第1講参照）の立場は，「完全な参与」に該当します（その後，速記者が記録に専念するやり方に変更されました）。

　「積極的な参与」とは，フィールドの正式メンバーではないけれども，何らかの役割を持ってフィールドに参加しながら観察をする立場です。たとえば，ある幼稚園で週に1回ボランティアをしながら子どもを観察するような場合です。

「中程度の参与」というのは、「積極的な参与」と「消極的な参与」の中間と言えるでしょう。

　「消極的な参与」とは、フィールドで観察者以外の役割を担わずに観察をする立場を言います。たとえば、保育には携わらずに保育室の片隅でメモを取りながら園児の観察を続けるような場合がこれに相当します。

　「参与せず」とは、いっさいフィールドに参加しないで観察をする立場です。一番典型的な例は、ワンサイドミラーを通して子どもを観察する場合です。この場合、観察者は子どもに見えず、したがって子どもとやりとりをすることはありませんので、フィールドへはまったく参加せず、完全に観察者として観察をすることになります。

　大事なことは、フィールドワークを開始する前に、自分はどのような立場で観察をするのかを決めることです。どの立場がよいかを考える上で、フィールドワークのしやすさということも無視できないでしょう。保育者や教師であれば「完全な参与」の立場を、ボランティアをやっている人であれば「積極的な参与」の立場をとりやすいだけでなく、その立場だからこそ見える子どもの姿というものがあるでしょう。

　しかしながら、フィールドでどのような立場をとるかは、単にフィールドワークのやりやすさの問題ではなく、どのようなデータを取りたいかという点を考慮に入れて決める必要があるでしょう。調査者が積極的に介入することによって引き起こされる子どもの反応や子ども同士の相互作用の変化などに関心がある場合には、「完全な参与」、あるいは「積極的な参与」の立場が適切かもしれません。あるいは、フィールドの人びととの普段のやりとりを見たい場合には、「消極的な参与」の立場がふさわしいかもしれません。筆者の場合、できるだけ保育の流れを妨げないような形で保育園の日常生活を観察したかったことから、園児に話しかけられたときと園児が危険に直面したとき以外は自分からは働きかけず、保育室の隅で静かに観察する「消極的な参与」の立場をとりました。もちろん言うまでもなく、消極的な参与であっても、観察者がフィールドに存在するだけでフィールドの人びとに何らかの影響を与えることは否定できません。

また，長期にわたってフィールドワークをする場合には，フィールドの人びととの関係の変化やデータ収集上の都合から，フィールドでの立場が変化することがあります。フィールドでの立場は，一度決めたら最後までその立場を貫くという固定的なものではありませんが，自分の立場の変容過程についても記録を残しておくことが大切です。そうすることで，フィールドでの立場と，その時に取った観察データとの関係を確認することができます。

2．観察の 3 段階

　心理学的エスノグラフィーの手法では，「全体的観察期（holistic observation）」→「焦点的観察期（focused observation）」→「選択的観察期（selective observation）」の 3 つの段階を踏んで観察を進めていきます（箕浦，1999）。子どもエスノグラフィーでも，この 3 段階をたどります（表 5 - 2 参照）。

表 5 - 2　子どもエスノグラフィーにおける観察の 3 段階

観察の段階	観察の内容
全体的観察期	フィールドに関する情報を網羅的に集め，フィールドの全体像を把握する。
焦点的観察期	観察の焦点を決め，特定の事象や対象について集中して観察する。
選択的観察期	初期の問いを概念的に明確な問いに組み替え，その新しい問いにそって観察する。

　「全体的観察期」とは，フィールドに関する情報を網羅的に集め，フィールドの全体像を把握する段階を言います。この時期の観察では，フィールドの見取り図・登場する人物・活動の流れ・ルーティン・使用道具など，フィールドに関係する事柄をできるだけ幅広く記録することが中心となります。自分で観察できる事柄以外にも，当該機関が発行している印刷物の収集など，文字化された資料も可能な限り手に入れることも含まれます。こうした資料は，フィールドの性格や当該社会におけるフィールドの位置づけを知るための一助となるからです。

筆者の場合，フィールドとしたA保育園の園舎の概略，1日の保育の流れ，各クラスの保育者や園児の様子など，保育園全体の観察をする一方で，区役所で公立保育園に関係する資料を入手しました。

次に「焦点的観察期」とは，観察の焦点を決め，特定の事象や対象について集中して観察する段階を言います。フィールドで繰り返し生起している事柄は何か，観察している事象のうち一番興味を感じているのは何かなどを考え，自分が明らかにしたいこと（研究の問い）を絞り込んでいきます。研究の問いが絞り込めるようであれば，それを解くためにはどのようなデータが必要なのかを考え，特定の出来事や人に焦点を当てて観察をします。フィールドの全体像をほぼ把握できた時点で焦点的観察へ移る準備をするのが一般的だと言われていますが，いつ頃，焦点的観察に移るのがよいかは観察の進み具合によります。フィールドで頻繁に生起している事柄がわかり，特に自分が興味を感じる事象や対象を見つけた時が好機かもしれません。

筆者の場合，A保育園で観察を開始した2ヵ月後に，日本語を理解しない中国人男児O君が4歳児クラスに入園してきたのですが，週に1度，観察に行くたびに，O君の行動や日本語会話力の変化には目を見張るものがありました。そこで，O君という1人の子どもを焦点観察の対象にすることにし，周囲の状況にも目を配りながら，O君の言動を中心に観察をしました。

最終的段階である「選択的観察期」とは，初期の問いを概念的にもう少し明確な問いに組み替え，その新しい問いにそって観察する段階を言います（こうした特徴を持つことから，「理論的焦点の定まった観察期」とも呼ばれています）。自分が見ている事象は，いったいどのような理論的視点から捉え直したらうまく解釈できるのかを探ります。筆者の場合，保育園で日々反復されている諸行為を「保育園スクリプト」と見なすことにより，O君の行為的変化を「行為レベルにおけるスクリプトの獲得」として捉え直すことを試みました（柴山，1995）。スクリプト（script）とは，「ある特定の空間的・時間的文脈にふさわしい行為の系列」（Nelson, 1986, p.13）を意味する概念で，食事や衣服の着替えなど日常活動についての手続き的な知識を指します。

ここで注意をしてほしいのは，この観察の3段階というのは観察す

る範囲が広いか狭いかという違いではなく，観察データが持つ理論的な示唆をどの程度つかんでいるかを示す指標であるということです（柴山，2003）。全体的観察期よりも焦点的観察期の方が，研究の問いを絞り込み，特定の人や事象について集中してデータを集めていることになりますし，焦点的観察期よりも選択的観察期の方が観察データの見方が深まっていることになります。子どもエスノグラフィーの手法では，観察段階の移行と研究設問の練り上げは表裏一体の過程として進行する点に特徴があります（図5-1参照）。こうした螺旋階段を昇るような観察の進め方は，仮説生成型研究のデータ収集段階における重要な特徴に他なりません。

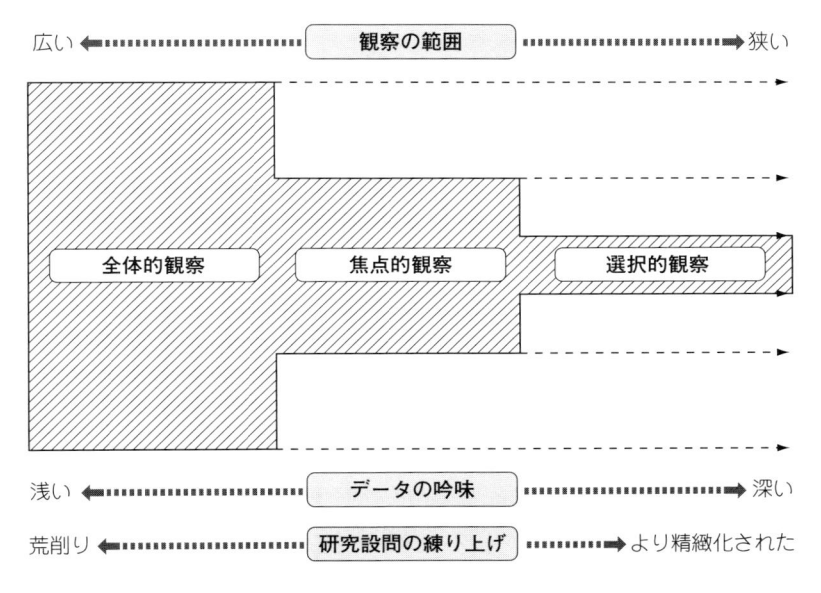

図5-1　観察段階の移行と観察範囲・データの吟味・研究設問との関係
（Spradley, 1980, p.34 の Figure 6 を修正して引用）

3．フィールドでのメモの取り方

　観察の全段階において，フィールドで見聞きしたものを可能な限りすべて書き留めておく必要があります。記録する方法としては，ビデ

オ撮影・写真撮影・テープ／MD／ICレコーダーによる録音・記録メモなど，複数のものが考えられます。フィールドで何を使って記録を取るかは，研究目的，研究体制（単独研究か共同研究か），フィールドでの立場などによっても違ってきます。しかしながら，どのような研究であっても，観察者の都合だけで記録方法を決めるのではなく，フィールドの人びとの意向を十分に聞いた上で記録方法を選ぶことが大切です。筆者の場合，撮影や録音はいっさい許可されず，メモを取ることだけが許されたので，フィールドにいる間は常にB6判のカードを持ち歩いて，これに見たもの・聞いたものをすべて書き付けました（柴山，1999）。たとえ撮影や録音が許可された場合でも，場面の転換点や重要な出来事についてメモを取ることは不可欠な作業と言えるでしょう。（さまざまな機器を使った記録方法については，石黒広昭（2001）を参照してください）。

　また，フィールドでの立場によって，観察中にメモが取れる時間やメモの取り方も違ってくるでしょう。「完全な参与」の立場で観察をする場合には，本来の職務を遂行しながら同時に観察もすることになりますので，観察したことをその場ですぐにメモとして記録することは難しいかもしれません。ちなみにアイザックスは，1924年から27年の間は，常にノートを携帯して，その場でできるだけ詳細なメモを書いていたようです。一方，「積極的な参与」の立場で観察をする場合（ボランティアなど），保育者からの指示や子どもからの依頼にも対応しつつ，合間を見て子どもについての記録を書くことになるかもしれません。以下では，「消極的な参与」の立場で観察を行う場合を想定して，フィールドでのメモの取り方の一例を紹介します。

　フィールドで何を使ってメモを取るかを決めるときには，2つの項目をチェックする必要があると思います。1つは，「自分にとってのメモの取りやすさ」です。大判のノートは1ページにたくさん書ける半面，手のひらに乗せて書くには扱いにくいと感じました。一方，胸ポケットに入る大きさのメモ帳は，2，3時間の観察をする場合には，1ページに書ける情報が少なすぎて不便でした。特定の行為が生起した場所の見取り図やそこで使われていたモノなどのイラストもうまく書けません。いろいろと試した結果，筆者にとって観察に適していた

写真　B6判カード

のは，B6判の下敷き不要タイプのカード（左端に青線が入っているもの）でした（写真参照）。

　あらかじめ右上に番号を付したカードを15枚から20枚ほどクリップで止めて，取り外し自由なノートのようにして使用しました。カードは裏表を使い，文字もイラストもすべて書き付けました。青線の左部分は時間を書くためのスペースにすることで，場面の転換点や1つのエピソードの始まりと終わりに時間を書く習慣がつきました。また，カードにある程度の厚さがあるので，園児と一緒に給食を食べながら，テーブルの上ではなく，膝の上でメモを取ることもできました。

　メモを書く紙の大きさを考える際のもう1つの留意点は，観察対象者に「メモをしていること」をどの程度見せるか（あるいは隠すか）ということです。フィールドでは，自分がフィールドの人びとを見るだけでなく，自分もまたフィールドの人びとに見られていることを自覚する必要があります。たとえ小さな筆記用具を使っても，フィールドの人びとは（幼児であっても），自分が何かを見られて書かれていることに敏感です。筆者の場合も，3歳児以上の園児から，「何，書いてるの？」と聞かれることがよくありました。書くという行為を完

全に隠すことはできないとしても，腕で抱える大きさのノートに書くよりも手のひらをわずかに超えるＢ６判のカードに書く方が，保育者や園児への圧迫感が小さいように思います。

　フィールドで観察している自分を提示したくない事情がある場合には，気づかれないような形で（図書館で勉強するふりをしてノートにメモを取る／公園で写生をするふりをしてスケッチブックにメモを取る，など），メモを取る工夫をする必要があるかもしれません。実際にフィールドに出て観察をする場合には，フィールドの様子を下見したり予想したりして，何を使ってメモを取るかを具体的に考えてからフィールドに入る必要があります。

この講のまとめ

　子どもエスノグラフィーの主要な技法である参与観察では，観察者がフィールドと何らかの関わりを持ちながらデータをとります。フィールドにおける観察者の立場は，フィールドへの関与の度合によって，① 完全な参与，② 積極的な参与，③ 中程度の参与，④ 消極的な参与，⑤ 参与せず，の５つに分けることができます。子どもエスノグラフィーにおける参与観察は，「全体的観察期」→「焦点的観察期」→「選択的観察期」の３段階を経て進む点に特徴があります。観察段階の移行と観察データが持つ理論的示唆についての考察は，表裏一体の関係にあり，観察段階が進むほど，データが持つ意味についての考察が深まっていると言えます。

発展学習のための文献ガイド

- 箕浦康子編, 1999『フィールドワークの技法と実際：マイクロ・エスノグラフィー入門』ミネルヴァ書房.
　　心理学的エスノグラフィーの技法についての解説と同手法を使った研究例から構成された入門書。特に全体的観察と焦点的観察について書かれた第３章と選択的観察について書かれた第４章は，心理学的エスノグラフィーの要諦を理解する上で必読です。本書の第５講の内容は，この第３章と第４章の基盤になった編者の授業を下敷きにしています。

観察演習
——質的データ収集の訓練

◆講義内容
1. 観察の目的と手順
2. 観察場面の概要
3. フィールド課題

フィールドワークをしていた東京都内のB保育園。運動会で「一本橋渡り」に挑戦する4歳児。

今回の講義では，フィールドで子どもエスノグラフィーの手法を使って質的データを収集する前段階として，教室内でビデオ画像を使って観察の練習をします（本書の講義では，市販のビデオを使うことにします。ビデオの内容については，本講の2.を参照）。ビデオを使った観察演習は，筆者が大学院生時代に受講した箕浦康子氏の演習（東京大学教育学部「比較教育学演習」）を借用して修正を加えたものです。

1．観察の目的と手順

（1）観察の目的

　観察演習の目的は，子どもが遊んでいる場面のビデオを見て，それを「質的データとして記録すること」と「そのデータを質的に分析すること」の2つです。質的データとは，特定の個人や複数の人びとがどのようなやりとりをしたか，どんな会話をしていたかなどを，その時の状況とともに記録する記述的データであることはすでに学習しました。また，質的に分析するというのは，当事者の視点から，その人のことばや振る舞いをその時の状況に位置づけて理解することであるということも学習しました。"質的データをとり，それを質的に分析すること"は，子どもエスノグラフィーの基本を体験することに他なりません。

　これから見るビデオには，何人かの幼稚園児と保育者が登場します。今回はまず1人の子どもに焦点を当てて，その子どもの言動を状況ごと記録し，その記録に基づいて「この子はここでこういうことをやりたかったのではないか」というように，子ども自身の視点に立って，その子がとった行為の意味を推察してみてください。

（2）観察の手順

　今回は，約5分間の自由遊び場面を観察します。観察の手順は，図6-1の通りです。

① 全体的観察

　まず1回目の観察では，全体的な観察をしてください。どのような

手順	ビデオ放映
① 全体的観察：場面の全体像を把握する。 ② 観察の焦点の決定	1回目
③ 焦点的観察：自分が決めた焦点について，メモを取りながら観察する。	2回目
④ 観察記録の補足 ⑤ 観察記録の解釈	3回目

図6-1　観察の手順

場面で，どのような子どもが出てきて，何を使って何をしているか，どんなエピソードが起きたのかなどを見て，全体像をつかんでください。

② 観察の焦点の決定

次に，今，見た場面の中で，自分は誰に注目して観察をしていくのか，観察の焦点を決めてください。

③ 焦点的観察

2回目の観察では，皆さんが決めた焦点について，メモを取りながら観察をしてください。

④ 観察記録の補足

現実の場面では，もう一度，その同じ場面を再現することはできませんが，初めての観察演習ということもあり，1回観察しただけでは自分が焦点を当てた個人について，うまく記録を取れないということがあるかもしれません。そこで，観察データを補充するために，データを取りきれなかったところや曖昧なところを中心にもう一度見てください。ほぼ記録を取れた場合には，自分が取った記録が正確だったかどうかを確認してください。

⑤ 観察記録の解釈

最後に，自分が書いた観察記録に基づいて，皆さんが焦点を当てた

子どもの視点から見るとその子はどんなことをしたかったのか，その意図はその後の状況の中でどのようになったのかなど，その子の気持ちになってその子の言動を皆さんなりに解釈してみてください。その際の注意点は，単に皆さんの感想を書くというのではなく，どうような観察データ（根拠）に基づいて解釈したのかがわかるように書くということです。シート（図6-2）の「観察データ」の部分に皆さんが取った観察データを書き，その下の「観察データから解釈できること」の部分に，上に書いた観察データとの関連がわかるような形で解釈を書いてください。具体的に言えば，「……という発話があり＝のような状況であったことから，誰々君はこういうことをしたかったのではないか」というように解釈することを心がけてください。

　今回の演習に限らず，心理学的な子ども研究をする場合には，根拠をきちんと示しながら自分の解釈を提示する必要があります。「こういうことが観察されたので，そこからこういうことが考えられる」，あるいは「このような観察データから，誰々はこのようにしたかったのではないかと思われる」というように，データを根拠として示し，それに基づいて解釈することが大切です。

2．観察場面の概要

　観察演習で使用するビデオについては，学習者の専攻や関心などに応じて，授業者あるいは学習者が自分で撮影した映像を使ってもよいと思います。本書では，エピソードの展開過程が初めて子どもエスノグラフィーを学ぶ学生にわかりやすいこと，広く利用されているビデオ教材であることなどを考慮して，市販のビデオ教材を使用することにします（ビデオ教材名：「きょう，きてよかったね！：サトシのこだわりと自分さがし」岩波保育ビデオシリーズ）。このビデオ教材は，ある幼稚園の4歳児クラスの12月時点での自由遊び場面を映したもので，ところどころに保育者のコメントが挿入されています。

　観察演習では，このビデオの中から「さとし」（本書では平がな表記にします）という名前の男児を中心にした積み木遊びのエピソード（約5分間）を使用します。フィルムケースのキャップをミニ四駆の

○ビデオ観察演習用シート

	授業日：(　　　)年(　　)月(　　)日
観察者	学籍番号：(　　　)　学年・クラス：(　　　)　名前：(　　　)
観察対象	
使用した観察の技法	
焦点を当てた事象	
観察データ	
観察データから解釈できること	

（ビデオ観察演習課題を試したい方は，このシートを拡大コピーしてご使用ください。）

図6-2　ビデオ観察演習用シート

タイヤと見なして，滑り台でもどこでも転がすことにこだわり続けているさとし君は，大型積み木を使って坂を作ることを発案します（図6-3参照）。ところが，友達も力を貸して何とかさとし君の希望を叶

図6-3　さとし君が長い板状の積み木をサイコロ形の積み木の間に挟んで坂を作ることを友達に提案しているところ

図6-4　何回やっても自分のイメージ通りの坂を作れず，とうとう泣き出してしまったさとし君

えてあげようとするのですが，なかなか自分が思い描いたイメージ通りに坂を作ることができず，泣き出してしまいます（図6-4参照）。保育者の適切な支援と別の友達の協力によって，何とか大きな坂が完成すると，さとし君は泣くのを止めて，その坂でタイヤ転がしをして遊び出すというものです。

3．フィールド課題

　今回はビデオを使って，誰か1人に焦点を当てて観察記録を取り，その子の気持ちに沿ってその観察記録を解釈する練習をしました。ビデオを使った観察演習は，同じ事象を何回も見ることができるので，自分がどの程度正確に，刻一刻と進行するやりとりやエピソードについて観察記録が取れるかどうかをチェックできるという利点があります。

　しかしながら，ビデオで映し出されている映像は，やはりビデオを撮る人によって切り取られた現実であることも事実です。今回のビデオは，さとし君という男児に焦点を当てて映しているので，ビデオ教材を使って観察すると，どうしてもさとし君に焦点を当てざるを得ません。ビデオによる記録は，そこで生起した事柄をすべて漏れなく記録しているかというと，実はそうとも限りません。もちろんある一定範囲の事柄については，肉眼で見るよりも細かい記録を残すことはできますが，ビデオカメラを持っている人が誰に焦点を当てるかによって，何を映すかが決まってくるからです。

　そこで，今回のビデオ観察演習を踏まえて，今度は皆さんが現実の中に出て行って，自分でフィールドを選び，その中で何かに着目して質的データを収集し，それに基づいて質的な分析をする練習をしてほしいと思います。これが，フィールド課題のねらいです。

（1）フィールド課題（観察課題）

　フィールド課題（観察課題）の目的は，「子どもの相互作用を状況ごと記録し，当事者の関心・意図・動機や感情を探ること」です。子どもを含んだ相互作用が観察できるような場所であれば，フィールド

はどこでも構いません。遊園地・公園・レストラン・スーパーマーケット・電車の中など，皆さんが何歳くらいの子どものどのような相互作用を見たいかによって，フィールドを決めてください。

　観察データの記録については，子どもと誰かのやりとりだけではなく，それが起きた状況，たとえばその子がどういった状況でそれをやったのかということも含めて記録することを心がけてください。子どもが何人かいたとしたら，そのうちの誰か1人に焦点を当てて，「その子がいったい何に興味を持っているか」「何を考えてそれをやったのか」，あるいは「誰かにしなさいと言われたのになぜしなかったのか」というように，当事者の立場からその人の言動を解釈することを試みてください。

　レポートの書き方は，次ページの【観察レポートの書き方】に示した通りです。この中で特に注意してほしいのは，「焦点を当てた事象についての解釈」です。これはビデオ演習の復習にもなりますが，焦点を当てた事柄について，観察結果からどのようなことが推察されるかを行為者の視点から考えてみてください。解釈を書くに際しては，思いついた感想を書くのではなく，「〇〇というところから△△であることが推察される」というように，必ずその根拠を提示しながら解釈を書くことに留意してください。

　観察する時間は10分から15分くらいでけっこうですので，ビデオではなく，生の子どものやりとりを質的なデータとして記録して，それを質的に分析する練習をしてください。（筆者の場合，レポート提出期限を約1ヵ月後に設定し，その間に学生が個別に観察課題に取り組むことにしています。）

(2) フィールド課題の例

■観察課題

　子どもの相互作用を状況ごと記録し，当事者の関心・意図・動機や感情を探る。

　遊園地・公園・レストラン・スーパーマーケット・電車の中などで，子どもが他者と相互作用をしている場面を選ぶ。観察の対象として選ぶ子どもは，18歳未満と思われる子どもであれば年齢・性別は問わない。子どもを含む二者（以上）のやりとりを，それが起きた状況も含めて具体的に記録する。その記録に基づいて，行為者の1人を取り上げ，何に興味を持っているのか，何を考えてそのように振る舞ったのか，あるいはなぜあることをしなかったのかなど，当事者の立場からその人の言動を解釈してみる。

　観察中は，観察対象者に気づかれないようにメモを取る（必要に応じて了解を得てからメモを取る）。観察時間は10〜15分程度でよい。

■観察レポートの書き方
1．レポートに含める内容
　　（1）表紙：レポートタイトル・クラス名・学籍番号・名前
　　（2）観察の概要：①観察日時
　　　　　　　　　　②観察場所および場の様子
　　　　　　　　　　③その場所やその人を観察対象として選んだ理由など
　　（3）観察データの記録と整理
　　　　観察中に取ったメモを文章として詳しく書き直す。観察したやりとりの中でおもしろそうな事柄を1つ取り上げて，それに絞って観察データを整理する（文章および図表などを使って整理する）。
　　（4）焦点を当てた事象についての解釈
　　　　焦点を当てた事柄について，観察結果からどのようなことが推察されるかを，行為者の視点から考えてみる。解釈を書くに際しては，自分の感想を書くのではなく，「○○のところから△△であることが推察される」というように，必ずその根拠を提示しながら解釈を書く。
　　（5）観察者としての自分自身についての省察
　　　　観察中の自分の心理や行動についての報告や屋外で実際に観察をしてみた感想など
2．レポート枚数
　　　B5版あるいはA4版で5枚程度
3．レポート提出日
　　　授業中に指示した日に提出

この講のまとめ

　ビデオを使った観察演習の目的は，① 現象（ビデオ映像）を質的データとして記録すること，② その観察記録を当事者の視点から解釈することの2点にあります。ビデオ映像は，撮影者の関心や視点によって切り取られた現実であるという限界がありますが，同じ事象を繰り返し見ることができるので，初心者が観察の練習をするための材料としては有効だと言えます。

発展学習のための文献ガイド

- 箕浦康子（編），1999『フィールドワークの技法と実際：マイクロ・エスノグラフィー入門』ミネルヴァ書房．
　第2講と第5講でも紹介した本ですが，ビデオを使った観察演習例を紹介した第2章が参考になります。「児童公園での遊びの観察」と「信号待ちをする人びとのいる交差点の観察」という2つの観察課題に対する学生の報告に基づいて，観察の視点が違うと得られる情報も違ってくることが具体的に紹介されています。

第7講

子どもの遊びの
質的理解

◆講義内容
1. 観察演習の振り返り
2. 社会的現実を解釈するということ——2つのエスノグラフィーの比較検討

東京都内の私立保育園。ままごと遊びに熱中している1歳児。

1．観察演習の振り返り

　　今回の講義では，学習者が提出した観察演習レポート（ビデオを使った観察課題）に基づいて，質的データをどのように記録するか，さらに記録に基づいた解釈をどのように行うか，の2点を中心に振り返ります。振り返りの方法としては，少なくとも，学習者全員のレポートに目を通した後に，① 個別にレポートを返却する方法と，② よく書けている2，3の例を提示することにより，学習者同士が学び合う機会を作る方法，の2つがあると思います。授業内演習として，学習者全員が同じビデオを見て質的データを記録し解釈する練習をしたことを踏まえて，本書では後者のフィードバックのしかたを選びました。同じビデオを見ているだけに，「質的データの記述ではこのような点がポイントになるのか」とか，「こういう記述は他者が読んでもわかりやすい」ということを実感してもらえるものと思います。

　67〜68ページに掲載したレポート例は，実際に提出された観察演習レポートの実例です。ビデオ観察演習では，自分なりの焦点を決めて観察するよう指示しましたが，実際には課題提出者54人中42人が何らかの形でさとし君に焦点を当てていました。ここに取り上げたMさんとKさんも，さとし君に焦点を当てて観察データを記述しています。これは，やはりビデオ映像を観察材料にしたことに起因するものだと思います。

　ビデオによる記録は，カメラを向けた人びとの行動を仔細に記録できる点で人の目による観察よりも正確ですが，しかしその一方で，ビデオが記録した現実は撮影者の関心によって切り取られた現実であることは否定できません。観察演習で使用したビデオ映像は，さとし君の一連の行動に注目して録画されたものなので，多くの人がさとし君に焦点を当てたのはやむを得ないことだと思います。MさんとKさんのレポートには，観察記録の書き方とその解釈のしかたに関してよい点がたくさんありますので，一緒に見ていきましょう。

〈Mさんのレポート例〉　授業日：（　）年（　）月（　）日

	学籍番号（　　　　　）　名前（　　　　　）
観察対象	つみ木あそびの場面
観察法の種類	（参与観察法）
観察の焦点を当てた事象	↓人物　さとしくん
観察データ つみ木について… ・大きさ → 手のひらサイズではなく、大きいもので、子どもの半分前後。小さいものは、大きいものの半分ほどのものを使用している。 開始時（観察） ・大型つみ木を使用中。 さとしくんと2名の友達。 さとしくんは長い板を使って何かを作ろうとしている様子。	①「そうちょっと高いコース作らない？」と二人に呼びかけ長い（うすい）つみ木を持とうとするが、持ちきれず、指を床とつみ木にはさんでしまう。はさんでしまった両手を口元へ持っていき「ふーふー」と息を吹きかける。②「誰が持て」と二人に声をかけて長いつみ木三人でもつ。③「ここ持つから、あきらここ持って」と指示する。その後、「いいよ（うん）いいよ」と声をかけ、一人（うすい）つみ木を持ち、斜めに固定しようとする。つみ木固定できず床におちる。おちた同時に④「わー」と少しさわぐ声がする。⑤「つなげて下でやろう」と言う。⑥「ここで、すればできるね」と固定させた部分に顔をむけて話す。⑦「ここ強くおしといて強くなる」と言う。⑧「おさえてー」と言う。⑨「ここにつけるね」⑩「ここ高くする」⑪「すごく高くなる」⑫「ここにつなごう」⑬「さあきっき」「あきっ！ここに！」ちがうかな。買い出しの通りが悪くしばらくだまる。⑭「じゃあもちついて」そこにつける。でボクはあーた→長い（うすい）つみ木を斜めに固定しようとする。固定せず、落ちてしまう。（右図①参照）「できないよー」と言うさとしくんの表情が困った様にゆがむ。⑮「ダメだよー」そこで再びつみ木が床におちる。⑯「だから、ダメなんだよー」と床をくしゃくしゃにして泣く。⑰「ここに…」という言葉で、友達が、ここがよい、とおさえている場所に⑱つみ木をのせるが、さとしくんの左手は、そのままだった為、つみ木で手をはさんでしまう。「いたい！」とつみ木をもちあげてくれようとするが、今度は⑲つみ木が床に倒れる（右図②参照）。そのとたん、せきをきった様にしゃがんで泣きだしてしまう。泣きながらもさとしくんは考えているらしく、状況を観察したり、アドバイスしたりする。担任の「へったらいいのよ」という言葉で黒い洋服の男の子が動きだして、じっと、洋服をきて友達をおさえてる。少し修整された姿を見つめる。「さとしくん、大丈夫だよ」「できるよ、やってごらん」と黒の洋服をきた友達が声をかけてくれ、さとしくんに、その言葉を1度うながく。（固定図右→参照）残数の友達ともに空きのフィルムケースを使用してできるタイヤ軸がしができないか、何度も何度もくりかえすとしくん。転がすたび、転がりきったタイヤをひろう時は、タイヤに手じょと思いこみで、タイヤから目線がはずれることがない。ふたたび、軸がすスタート地点（右、固定図矢印事参照）までもどる時は、体をはずませたり、小走りしたりする姿が見られた。 ・上までみてきたのだが、特に⑳⑦⑨のさとしくんが泣きながら話したことば、行動について注目し、推察してみたいと思う。①遊ぶの…⑤～⑬までの会話については、自らの構成してある状況の中があり、それを確実させる為、一緒に遊ぶ友達にも具体的な指示や声かけをしているさとしくんの姿がうかがえる。1つのあそびの形を完成させる為に積極的にリーダーシップをとっているかの様に感じることができるのだろう。ところが、⑭「うまく終わり」「できないよ…」という会話とともに表情も、それまでと変わりはじめるのである。⑯のだから⑰という言葉で、「ここに」という言葉を反くりかえしていたのではなかったか？	その他 ⑤固定したい希望図 →おちる ⑧さとしくんの手の上に友達のがせようとしてつみ木があり、指をはさんでしまう 固定図
観察データから 解釈できること	現実的になかなか完成してくれないことへの、自分のあせりで、スムーズに行くだろうと予想していたものが、その通りにはならない、いら立ちがあらわれている様に感じる。本当は自分のあせり感、あともうひとつ何かが足りないと上手く完成しないのが、わかっていて、だからといって、どうすることもできないイライラが、誰にむかうともなく発想した⑯「だからなんだよー」につながっているのではないだろうか。また、つみ木に指をはさむという事は大人でもかなりの痛みを感じるのである。（大型つみ木でのはさみは、経験済み）そして、さとしくんぐらいの年齢の子で遭でなく見られる光景とは、少しのケガでも、大きな騒ぎとなり、すぐ泣きだしてしまうことがある。中にはガマン強い子どもも見られるが、VTRの画像をみる限り、かなり痛がったのではないかと思われた。⑰の場面でも１度指をはさんだ時さとしくんは、その時、両手を口元へよせて、「ふーふー」といている。しかしながら、⑱のだけでは、「ふーふーすることなく、痛かったはずなのに涙すら出てない。泣きださないだろうおちると思うんだな」と話すこともに、痛みも、けれども、せばタイヤ軸がしの土台を視線どおり作れないくやしさの方が強かったから、友達に話しつづけたのではないだろうか。もう残じただけに、⑱「いたい」といった、ひとことと、その表情に余計に痛からただろうに…と感じてしまった。 また⑲では、友達の懸命によって完成された台でひたすらことばも発せずにタイヤ軸がしをすることにしる姿がある。真剣な表情で軸がしをしたりしたり、体がよせてタイヤをひっぱりして、ある空のフィルムケースをとりにいったりするさとしくんから、かなり夢中に遊びに取りくんでいるではないか？また、友達にタイヤ軸がしも楽しみ、遊びに夢中になれることで、あえて言葉を使わずにいたのではないだろうか？と考えた。

〈Kさんのレポート例〉　　　授業日：（　　）年（　）月（　）日

	学籍番号（　　　　　　　）　名前（　　　　　　　）
観察対象	つみき遊びの場面
観察法の種類	（参与観察法）
観察の焦点を当てた事象	さとしくんのこだわりと執着心
観察データ	さとしくん、あきとくん（黄色のトレーナー）、黒のトレーナーの男の子3人で大きなつみきでコースを作ろうとしている。 ① さとし『もうちょっとさぁ、高いやつ作らないー？』 　［さとしくん1人で長い板を持とうとしている］　2人『えーい』 ② さとし『はーいよー（重そう）』『誰かもってー！オレこっち持つから、あきとはこっちあげてちょーだい。はなして』 　［3人で持ちあげた板を ← 上に乗せようとするが失敗… 　　　　　　　　　　　　下の段の箱に2人のうちどちらかが板をのせようとする］ ③ さとしくん『こっちもちょっちょいがらっち』 　［上の箱の右にたてかけようとするが、うまくできない］ ④ さとしくん『ココにつぶせばいいさんのー！どーして、ここになんかのってよ！』 　［2人に正方形の箱を ← ここにのせるように何度も何度も言い示す］ ⑤ さとしくん『それがちゃんとしてくれないから～、まだーこれがのったらここにつぶして』 　［あきとくんが ← このようにのせようとする］ ⑥ さとしくん『ここにつぶすっていってるんだよ。ちがうよここ!!じゃあはなして 　　ごらんよー』 　［2人が何度もさとしくんの言うようにトライしても　うまくいかない］ ⑦ さとしくん『ここにやるんだよ。もー嫌だよー。だから嫌なんだよ』 　［泣きわめく］ 　［あきとくんがさとしくんの思い通りの位置に箱を置くが、うまくいかなかった］ ⑧ さとしくん ぼーぜんと一瞬立ちすくむ 　［他の2人が ← このように板を乗せたらどうだと提案する］ （さとし君の発言は①～⑦） ⑨ さとしくん『だからここも落ちると思うんだよ（小声）』
観察データから解釈できること	①③から、さとしくんがいかに高いコースをつくりたいとの希望を強く持っていることが解釈できます。自分の中で思い描いたコースを作るために、相手にも伝えている場面だと思います。 ②からは「自分の発想したものを作るんだ」という意味で、さとしくんがこの遊びの指示者となっている事が分かります。この段階から、さとしくん指示→2人がそれに従うの上下関係が成り立っています。 ③～⑦の2人が何度もさとしくんが言うようにトライし、失敗していの場面からは、さとしくんの1つのものを作ることだわりと執着心が強く見られると解釈します。自分の思い描く作品の形があって、それを作るまでの過程がある。そのイメージが強すぎて、とらわれすぎてこだわりすぎているため、うまくいかなくても「他の方法でやる」という考えが浮かばないのだと思います。ここにやるんだよ、より発言の多さから、そう考えることができます。 さとし君の行動、言動で最も注目すべき所は⑧⑨だと思います。 （特に、呆然と一瞬立ちすくんだ場面からは）思い描いていた方法でやっても、それが自分の理想的な完成品にならなかったことへのショックが表れていると解釈できます。 ここまでこだわって、自信をもって他の2人にも指示していたものが失敗に終わった、という事実に、はずかしさ、悔しさを感じているのだと思います。 ⑨の発言が小声であることからは、自分に自信が持てなくて、発言も遠慮がちになってしまったのではと解釈できます。

（1）レポート例のよい点

　　Mさんのレポートには，よい点がいくつもあります。第1点は，幼稚園児たちが遊んでいた積み木の大きさについて記述していることです。積み木といっても，小さい積み木もあれば，大型の積み木もあります。筆者も含めて全員が同じビデオを見ていますから，前回見たあのビデオの積み木と言うだけで，「あの大きい積み木」を共通に思い浮かべることができます。

　　しかし，まったくビデオを見たことがない他者がレポートを読む場合や半年後に観察記録の再分析をするような場合には，幼稚園児たちがどのような積み木を使っていたのかを具体的に（たとえば「1辺が約10cmの立方体型の木製の積み木」というように）記録しておく必要があります。積み木の大きさ自体について記述していたのは，Mさん1人でした。Mさんは，積み木には「小」「大・うすい」「大・太い」の3種類があり，それぞれの種類の大きさを「手のひらサイズではなく，大きいもので，子どもの半分前後，小さいものは，大きいものの半分ほどのものを使用している」と，イラスト付きで子どもの身長と比較しながら記述しています。観察記録では，この分類を使用して「小，大，薄い，大，太い」というように，園児がどの種類の積み木を使ったのかを具体的に記述しています。

　　たとえばレポート・観察記録欄の ① で，さとし君が「もうちょっと高いコース作らない？」と2人に呼びかけます。この発話は，さとし君が長い（薄い）積み木を取り扱っているときに表出されたものであることがわかります。Mさんは，他にも取り扱い中の積み木とさとし君の言動を関係づけて記述しています。ビデオに収録されているエピソードでは，積み木が大事な役割を果たしていますので，対象児と関連づけた道具（積み木）の記述が重要な意味を持ってきます。

　　第2点は，さとし君の発話をさとし君の行動や使用中の道具と関係づけて書いているだけでなく，どのように言ったかも記述していることです。たとえば ⑥ で，「『わー』っと，少し大きな声になる」と記述し，⑦ から ⑪ までは，「声を大きくし，少し荒いしゃべり方になる」というように，発話のトーンも書いています。発話のトーンは，行為者の心理状態を探る上で重要な手がかりになります。「ちょっと

持ってて」という同じことばでも，優しく頼むのといらいらしながら強要するのとでは，行為者の心情はかなり違うことが推測できます。観察対象者の発話を記述する場合，発話内容だけを文字化するのではなく，どのような発話を／どのような状況で／どのようなニュアンスで言ったかを記録することが大切です。

　第3点は，行動描写が詳細であることです。たとえば，ようやく自分のイメージに近い坂ができて，フィルムキャップ転がしに夢中になっているさとし君の様子を，⑲で「何度も，何度もくりかえすさとしくん。転がすとき，転がりおちたタイヤをひろう時は，タイヤをじっと見つめて，タイヤから目線がはずれることがない。ひろって再び転がすスタート地点までもどる時は，体をはずませたり，小走りしたりする姿が見うけられた」と記述しています。さとし君が満ち足りた気持ちでフィルムキャップ転がしに興じる姿を見事に記述しています。

　一方，Kさんのレポートでも，さとし君の発話（『　』を使用）と行動（[　]を使用）を関係づけて記述しています。Kさんの記述のしかたの良い点は，さとし君の発話に頻出する「ここ」を，イラストで明確に示している点です。さとし君たちの会話をよく聞くと，「ここに乗っけるの」とか「だから，これをつぶすんだよ，これで」というような発話が頻発しています。これはさとし君に限らず，日常生活ではよくあることです。特に1人あるいは共同で何かモノ（道具）を使いながら何か（活動）をする場合，特に活動の目的が共有されていて，そのために使うべき道具が特定されているような場面では，行為するたびに「僕は，大きな積み木の一辺に長い板状の積み木を貼り付けたい」などと完全な文章で言わなくても，「ここ」「これ」といった指示語で十分に意味が通じることがあります。つまり日常生活では，子どもも大人も，「こそあどことば」や「省略した言い方」「不完全な文章」「倒置」などを多用する傾向があります。このようなフィールドの人びとの日常会話は，その場にいて人びとの行動や状況を観察することによって初めて正確に理解することができるのです。この点が，会話を録音した音声記録だけを聞く場合との違いです。

　発話の意味内容の記述では，ことばで説明するだけでなく，図で記録しておくことは効果的だと思います。さとし君の「ここ」がどこを

指しているのかをよく見て,「ここ」の意味を行動データによって確定している点が, Kさんのレポートのよい点だと思います。

(2) 観察データの解釈

　　MさんとKさんのよい点は,観察記録として提示したデータを踏まえて,無理のない解釈がなされている点です。Mさんは,① から ⑲ までの観察データのうち,特にさとし君が泣きながら表出した発話や行動に絞ってさとし君の心理状態を推察しています。板状の積み木を立方体型の積み木にどうやっても接着できず,とうとう泣き出してしまったさとし君の言動（⑭ から ⑯ に示されたデータ）から,「自分のやり方でスムーズに行くだろうと予想していたものが,その通りにならないいら立ち」を読み取り,さらに積み木に指を挟んだことよりも板状の積み木が落下したことに落胆するさとし君の言動（⑰ と ⑱ のデータ）から,「想像どおりに作れないくやしさ」を推察しています。

　　Kさんも,さとし君の言動データに基づいて,さとし君の心理状態が「高いコースをつくりたい」という希望 →「自分の思い描く作品の形があって,それを作」ろうとする意思 →「思い描いていた方法でやっても,それが自分の理想的な完成品にならなかったことへのショック」へと移行したのではないかと推察しています。

　　前回のビデオ観察演習では,行為者の立場になって,たとえばさとし君に焦点を当てた場合にはさとし君の立場になって,行為者が何をしようとしたのかを当事者の視点から解釈することをねらいの1つとしましたが,MさんのレポートもKさんのレポートも,このねらいを達成しています。

(3) 相互作用データの書き込み

　　同時にビデオ観察演習では,誰かに焦点を当てつつも,「観察対象者の言動をそれが生起した状況も含めて書くこと」をもう1つのねらいとしました。MさんもKさんも,さとし君が相互作用を持った他児や保育者の言動に関するデータがないわけではありませんが,相互作用過程についての記録をもう少し書き込む必要があるように思います。

　　というのは,さとし君の発話や行動は,やりとりをしていた他者の

特定の発話や行動に対する反応として，相互作用過程の中で生成されたものだからです。子どもの発話や行動は，相手がいて，そのときのいろいろなやりとりの中で起きているわけですから，相手の子どもについての言動についてもある程度記述しておかないと，どういうやりとりの末にこういうことが起きたのかが把握しにくいのです。さとし君に焦点を当てて観察データを取る場合でも，さとし君の発話や行動だけをビデオ映像から拾い上げて記述するのではなく，「誰々にこう言われたから，さとし君はこう言った」，「こういう状況があったから，さとし君はこうやった」というように，その時の相互作用過程や状況も書き込みながら，その上でさとし君の言動に注目して記録する必要があるのです。

　一例をあげれば，ビデオの中でさとし君のイメージ通りに坂が作れないときに，ある1人の男児が別の男児に「だから，ここをつぶすんだよ，これで」とさとし君の発話を復唱する場面がありました。ここから，さとし君の意図を代弁することによって活動の目的を共有し直し，さとし君の計画を何とかして実現させてやりたいという友達の思いを読み取ることができます。これもさとし君の言動を理解する状況の一部となり，さとし君の悔しさは「友達が協力してくれないことによる苛立ち」ではなく，「自分が想定した手順では予想通りのものができないことに対する苛立ち」であるという解釈を裏付けるデータとなります。

（4）初学者の戸惑い

　観察データを収集するために「見る」ことを実際にやってみると，受講生の多くが日常的に「眺める」こととは大きく違うことを実感するようです。以下では，実際に受講生から寄せられた感想をいくつか紹介しましょう。

> **[Cさん]**
> 「VTRの1回目で，どこに注目するかを決める事ができず，そうしているうちに3回目も終わってしまい，結局何を見たのかあやふやになってしまいました。」（原文のまま）

> **[Aさん]**
> 「観察対象者の気持ちになって状況を理解するというのは，思っていたより，難しいんだなあと感じました。どうしても自分の立場で考えてしまうので，本当にその対象者の気持ちになるために，細かい言動にも気をつかいながら観察することを心がけたいと思います。」（原文のまま）

> **[Mさん]**
> 「会話だけでなく，状況説明などをプラスして，文章にして表すという事が，自分の感情を入れずに，客観的に記さねばならず，思いのままに記すだけでは成り立たない難しさを感じた。」（原文のまま）

　Cさんは，とても大切なことに気づいています。ビデオ観察演習では，まず何が起きているかを把握する「全体的観察」をした後に，特定の人や事象に焦点を当てて詳細に見る「焦点的観察」をするよう指示しました。実は，観察の焦点を決めることは，とても難しいことなのです。今，自分が見ている社会的な事象を自分はどこに注目して読み解いていくのか。長期にわたるフィールドワークでは，観察の焦点を徐々に絞っていきますが，ビデオ観察演習では，ビデオを1回見て観察の焦点を決める手順にしたので，余計に難しいと感じたのかもしれません。もちろん長期にわたるフィールドワークでも，観察の焦点を決めることはそうたやすいことではありません。

　しかしながら，広く漫然と見ているだけでは，自分の目の前でどんなことが起きているのか，つまりデータの意味を理解することはできません。「データの意味を理解すること（make sense of data）」は，フィールドの人びとの言動や観察者が見たことを「統合したり切り詰めたり解釈したりすること」，つまり「意味づけをすること（making meaning）」に他なりません（メリアム，2004, p.260）。フィールドデータを意味づける1つのやり方として，子どもエスノグラフィーの手法では，1人の個人や1つの事象に焦点を当てて，その焦点に沿って系統的に観察データを積み重ね，その観察データを当事者の視点から読み解くことによってデータの意味を理解することが基本になります。

また，AさんとMさんは，別の重要な点に気づいています。観察データを当事者の視点から解釈する場合，当事者の解釈と自分自身の解釈を混同しないように注意する必要があります。言い方を換えれば，解釈には，自分が見ているフィールドの人びとの解釈と観察者自身の解釈の2つがあるということです（図7-1参照）。すなわち，相互作用過程における「行為者の主観的な意味づけ過程（＝解釈過程A）」を詳細に記述する段階と，解釈過程A自体を行為者が生きる社会文化的文脈や状況と関係づけて観察者が解釈する段階（＝解釈過程B）の2段階があるということです（志水, 1985）。

```
            解釈過程A
  行為者 ──────────→ 事態
                ↑
             解釈過程B
            観察者
```

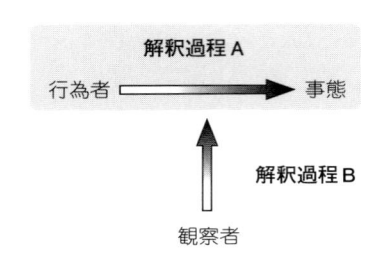

図7-1　2つの解釈（志水，1985を筆者が図示化）

　ビデオ観察演習では，当事者の視点からそこで生起していることを解釈すること，つまり解釈過程Aを記述する練習をしたことになります。当事者の解釈は，やりとりの中で「僕はこうしたい」，「私はこうするつもり」というように発話として明示されることもあれば，必ずしも明示されないこともあります。
　明示された場合，発話は行為者の心理状態や行為の意味を理解する上で有力な手がかりになります。ただし，会話の記録だけに終始すると，状況や身体化された習慣などを見落としてしまうおそれがあります。明示されない場合には，行為者の言動や他者とのやりとりを含む状況から，当事者がどのような意図を持ち事態をどのように意味づけているかを推定していく必要があります。
　一方，観察者の解釈とは，当事者の解釈過程をより広い社会文化的文脈や制度的文脈と関連づけて意味づけることと言えるでしょう。当事者と同じフィールドにいながらも，当事者とは違う視点に立つこと

によって，事態の真っ只中にいる当事者には必ずしも意識されない意味に気づいたり新たな意味を見出したりすることができます。病院内学級における教育実践は，当事者の1人である教師にとっては入院児のための教育として意味づけられていますが，教師とは別の視点を持った観察者が見ることによって，入院児と病院内学級／地域の学校／家庭／病院とをネットワーク化する，複数の〈つなぎ〉機能を持った〈つなぎ援助〉であることを発見した例があります（谷口, 2004）。

　子どもエスノグラフィーでは，最終的には，特定の出来事や事態に対する当事者の経験をより深く解釈することによって社会的現実を再構成し，自明の現実や暗黙の前提を開示することがめざされます。そのための基礎訓練として，観察の焦点を当てた特定の出来事ややりとりを記述的データとして記録し，その具体的なデータに基づいて当事者の経験や意味づけを推定する練習が大事になると思います。質的データを解釈するということは，自分自身の思い込みのままに書き進めることではなく，まずフィールドの人びととの相互作用過程を行為・発話データとして状況ごときっちりと記述し，それに基づいてデータの意味を読み解くことに他なりません。

2．社会的現実を解釈するということ
　　——2つのエスノグラフィーの比較検討

　　何かに焦点に絞るということは，それ以外の焦点から見ることを選ばないということでもあります。ここで注意すべきことは，焦点には優劣があるわけでも互いに排他的であるわけでもないということです。同じフィールドで観察をしても，何を取り上げてそれをどのように書くかという選択そのものが，書き手の社会的現実を見る枠組によって変わってくるのです（箕浦, 1999）。つまりフィールドワークの成果をレポートや論文（エスノグラフィー）として書くということは，「そこにあるものを事実として書くこと」ではなく，「自分が決めた1つの焦点を通して特定の事象を読み解き，そこに埋め込まれている意味を解釈的に探索する営為」であることを自覚する必要があります。

　　パレスチナ出身のアメリカの英文学者であるエドワード・W・サイ

ード (Said, E. W.) が提出した「オリエンタリズム」批判 (サイード, 1993) に見るように, 書くという行為は単に表現の技術の問題ではなく, 書くこと自体が社会的・政治的な影響力を持たざるを得ないことが, 近年, 人類学や社会学で盛んに議論されるようになりました (クリフォード & マーカス, 1996; ギアーツ, 1996)。ちなみにオリエンタリズムとは, 西洋の研究者たちが東洋(オリエント)(特にイスラム世界) を描くときに, 無意識的にせよ東洋よりも西洋を「優位なもの」として, 東洋を解釈し再構成する西洋的な様式を言います (大塚, 1997)。別の言い方をすれば, エスノグラフィーの実践としての民族誌の執筆を, 執筆者の解釈を生み出す社会と, 「このようなもの」として描かれた社会との間の, 政治的・経済的・文化的権力関係の中で捉え直す必要があるとする主張を指しています (浜本, 1997)。

(1) 2つのエスノグラフィーの比較検討

　筆者は, エスノグラフィーを書くことと切り離せない書き手の視点のありようを学習者に実感してもらうために, 同じフィールドノーツを資源にして書かれた2つのエスノグラフィーを比較検討する課題を出しています。ここでは, 筆者が実際に出した課題例を紹介しましょう(「エスノグラフィーの比較検討課題の例」(次ページ) を参照のこと)。

　この2つのエスノグラフィーは, 中国人5歳児 (O君) に焦点を当てて蓄積した観察データ (観察期間は1993年8月から1994年4月までの9ヵ月間) を質的に分析したもので, いずれも筆者が書いたエスノグラフィーです。1つはフィールドとしたA保育園で形成されている諸行為を「保育園スクリプト」と見なし, 対象児の保育園スクリプトの獲得過程を記述し解釈したものです (論文題目:「ある中国人5歳児の保育園スクリプト獲得過程:事例研究から見えてきたもの」)。もう1つは, 対象児の適応過程を保育者と仲間との関係作りの過程として捉え, 関係発達論の立場から仲間関係の形成・変容過程を記述し解釈したものです (論文題目:「幼児の異文化適応に関する一考察:中国人5歳児の保育園への参加過程の関係論的分析」)。

エスノグラフィーの比較検討課題の例

1．課題
2つの論文を読み，下の項目にそってレポートを作成する。
[2つの論文]
① 柴山真琴，1995「ある中国人5歳児の保育園スクリプト獲得過程：事例研究から見えてきたもの」乳幼児教育学研究，4, 47-55．(柴山真琴，1999「ある中国人5歳児の保育園スクリプト獲得過程」箕浦康子編『フィールドワークの技法と実際』第8章として再録)
② 柴山真琴，2002「幼児の異文化適応に関する一考察：中国人5歳児の保育園への参加過程の関係論的分析」乳幼児教育学研究，11, 69-80．

2．レポートの書き方
（1）2編の論文について，それぞれ以下の点を整理する。
　　① 研究の目的
　　② 研究の手法（観察法／観察法＋面接法）
　　③ 研究の対象・フィールド・観察期間
　　④ 観察の焦点
　　⑤ 分析に用いた理論（理論的枠組）
　　⑥ 分析の結果
（2）2編の論文を読んだ感想
　　疑問に思ったことや気づいたことなど，自分の感想を自由に書く。
（3）レポートの体裁
　　・表紙：レポートタイトル・クラス名・学籍番号・名前を明記する。
　　・本文は2ページ目から書く。（B5版あるいはA4版で3枚程度）
（4）レポート提出日
　　授業中に指示した日に提出する。

　筆者の場合，O君に焦点を当てた観察を開始してから4ヵ月後に「保育園スクリプトの獲得」という視点を導入し，その後の観察データの収集はこの点を中心に進めましたが，同時にO君が相互作用を持った人びと（保育者や園児）やその関係の変化についてもデータを集め続けていました。そこで，まずO君のA保育園への適応過程を「社

会文化的環境への適応（保育園スクリプトの獲得）」という視点から描き，その後の筆者自身の理論的関心に応じた形で「対人的環境への適応（仲間関係の形成）」という視点からエスノグラフィーを書きました。この2つの論文は，フィールドで展開する社会的現実を分析・解釈する視点は複数存在し得ることや，1つの視点から深く見ることによって社会的現実の特定の側面を照らし出せることを受講生に具体的に理解してもらう上では，適当な教材と言えるかもしれません。（この2編を選んだのは，決して模範的なエスノグラフィーであるからではなく，筆者が使いやすいという理由によるものですので，適切な教材があればそれを使用してください。）

　学習者の中には初めて研究論文を読む人もいることを考慮に入れて，エスノグラフィーを読む上での道しるべ（具体的には，「研究の目的」「研究の手法」「研究の対象・フィールド・観察期間」「観察の焦点」「分析に用いた理論（理論的枠組）」「分析の結果」の6項目）を提示しました。これらの点を押さえながら2つのエスノグラフィーを読み，どのような視点からどのような解釈がなされているのかを比較検討してもらうと同時に，自由に感想を述べてもらいました。

（2）2つのエスノグラフィーを読んだ学生の感想

　この課題は，ビデオ観察演習を通して，自分で観察の焦点を決めて質的データを収集し解釈するという一連の過程を体験しているからこそ，問題意識を持って取り組めるのではないかと思います。初めて研究論文を読んだ受講生がほとんどでしたが，エスノグラフィーを読むポイントを示すことで，エスノグラフィーを正確に読むことができたようです。以下に，2つのエスノグラフィーを読んだ受講生の感想のうち，代表的なものを紹介しましょう。

> **[Mさん]**
> 観察する目的の対象（焦点）が違ってくることによって，同じO君のことでも，まったく違う側面から考察したり，分析したりすることが出来る事を改めて感じた。（原文のまま）

> [Nさん]
> ２つの論文は同じフィールドノーツから作られた論文だが，目的や焦点が異なり，フィールドノーツが同じでも，目的や焦点が異なるとその論文の表情まで異なったものとなるという例を見ることができておもしろかった。（原文のまま）
>
> [Yさん]
> 観察時にしっかりとフィールドノーツを作成していれば，自分が必要な部分を好きにフィールドノーツから持ち出して，理論を組み立てることが出来るのだということも改めてわかった。フィールドノーツが不十分であれば，理論を組み立てることもそこから何かを読み取ることも出来ないであろう。（原文のまま）

　MさんとNさんは，O君の保育園への適応過程を分析・解釈する視点は複数存在し得ること，そして，それぞれのエスノグラフィーはO君の適応過程という社会的現実を特定の視点から再構成したものであることを実感したようです。

　また，Yさんは，複数の視点からの解釈を可能にするためには，観察データを詳細に記録すること，言い換えれば良質なフィールドノーツを作成することが不可欠であることを指摘しています。フィールドノーツ（fieldnotes）とは，フィールドで見聞きした事柄を詳細に書き込んだデータの全体を言います。

　フィールドノーツの作成は，観察の焦点の設定の次に来る難所であると同時に，フィールドワークの中心的な位置を占める作業でもあるので，次回の講義で詳しく解説したいと思います。

この講のまとめ

　「見る」という行為は，「漠然と眺める」という日常的行為とは別物です。それゆえ，① 研究的営為として「見る」ためには，「どのような目的で（観察目的）／何を（観察対象と観察の焦点）／どのようにみるか（観察の技法）」を決めなければ，現実から何かを読み取ることはできないこと，② 同じ現実を見ても観察者の視点によって得ら

れる情報が変わってくること，の2点を自覚する必要があります。ビデオ観察演習を振り返ることは，学習者がこの2点を実感する上で効果的だと思います。

発展学習のための文献ガイド

- クリフォード，J. & マーカス，J.（編）（春日直樹他編），1996『文化を書く』紀伊国屋書店．
  アメリカの人類学者であるクリフォードとマーカスが編集し，民族誌の詩学と政治学に関する議論が盛んになるきっかけとなった話題の書。文化を書く，すなわち民族誌を書くことについて，さまざまな角度から論じられています。
- ギアーツ，C.（森泉弘次訳），1996『文化の読み方／書き方』岩波書店．
  4人の代表的な人類学者（レヴィ＝ストロース，エヴァンス＝プリチャード，マリノフスキー，ベネディクト）の民族誌を「人類学者はいかに書くか」という視点から批判的に検討した書。民族誌執筆における自己（人類学者）と他者（フィールドの人びと）との関係，民族誌を書くことの意義が再考されています。

第8講

フィールドノーツ作成法

◆講義内容
1. フィールドメモとフィールドノーツ
2. フィールドノーツの作成例

インド洋大津波による被災の状況を，フィールドメモをとりながら現地住民から聞き取りをしているところ。

1．フィールドメモとフィールドノーツ

　今回は，観察してきたことをいかにデータとしてきちんと残すかという話をしたいと思います。一般に「調査地で見聞きしたことについてのメモや記録（の集積）」（エマーソン他，1998, p.ix）は，フィールドノーツと呼ばれています。本書では，フィールドで観察をしながら取るメモのことを「フィールドメモ」，観察後にフィールドメモを手がかりにしてデータを補足しつつ清書したものを「フィールドノーツ」と呼ぶことにします。

（1）命綱としてのフィールドメモ

　フィールドでの記録の取り方には，研究目的やフィールドの事情に応じて，いくつかの方法があります。たとえば，保育園の特定クラスにおける園児同士の相互作用を分析するためにビデオカメラで記録する方法（刑部，1998）や，幼稚園教諭が使う集団呼称の種類（「〇〇組さん」「お行儀が悪い方たち」など）とその機能を分析するために保育者の発話をテープに録音する方法（結城，1998）などがあります。AV機器による記録は，特定の事象について正確な記録を残せるので，フィールドメモと併用すると効果的だと思います。

　しかしながら，AV機器を使用するかどうかは観察者側の選択だけで決まるわけではなく，フィールドの人びとの意向や判断に委ねられることが多いものです。筆者は，2つの公立保育園を博士論文研究のフィールドとして，約3年間にわたってフィールドワークをした経験があります。筆者の場合，いずれの保育園でも，ビデオ・写真撮影や録音は認められず，メモを取ることだけが許可されました。フィールドで使用できる記録手段が制限される可能性があることを考えると，現場でメモを取りそれをフィールドノーツとして書き直す力を身につけることは，子どもエスノグラフィーの手法を使って子ども研究をするための不可欠の要件と言えるでしょう。

　フィールドで観察しながら取るメモは，刻々と過ぎゆく事態を書き留める必要があることから，整った文で詳細な説明を書くことはほと

んどできません。多くの場合，エピソードの概要やそこに関与した人びとの発話や行動の断片を単語や短いフレーズで書くことになりますが，これがフィールドノーツを書く過程で観察者の想起を刺激する重要な役割を果たすのです。具体的に言えば，フィールドメモに記された会話や行動の断片を手がかりにすることよって，自分が見てきた事象やその時の行為者の所作や言い回し，物事についての現場の人たちによる説明や解釈などをいきいきと書き上げることができるのです（エマーソン他, 1998）。フィールドメモに書き付けられた1つのフレーズの背後には，観察者が現場で五感を通して感受してきた多様な情報が畳み込まれていることから，現場で取るフィールドメモが「記憶の手がかり」（エマーソン他, 1998, p.84）として機能し，良質のフィールドノーツを生み出すことを可能にするのです。

　フィールドメモとして何を使うかについては，観察時間や個人の好みによって，ポケットに入る程度のメモ帳を使う人もいれば，折り畳んだ何枚かの紙を使う人もいます。筆者のフィールドメモ使用例については，第5講で紹介した通りです。

（2）フィールドノーツを作る目的

　フィールドノーツの作成は，観察終了後にフィールドで行う場合もあれば，フィールド以外の場所で行う場合もあります。いずれにしても，もし可能であれば，観察後のフィールドノーツ作成の時間も予定に組み入れて，毎回のフィールドワークを設定するとよいでしょう。筆者の場合，フィールドワークの訓練を受けた教員から「フィールドノーツの作成を翌日に持ち越すとデータが半減する」と言われていたこともあり，園児の登園が終わり全体での活動が始まる午前10時から午睡に入る前までの午後1時半頃までをフィールドワークの時間，その後はすぐに帰宅してフィールドノーツを書く時間と設定し，その日のうちにフィールドノーツを作成することを原則としました。

　なぜフィールドメモのままではいけないのか，フィールドでできるだけ詳しく判読できるような文字でメモを書き，それを日にち順に重ねていけば，それで十分なのではないかと思う人がいるかもしれません。しかしながら，フィールドメモとフィールドノーツとの間には，

天地の差があります。その違いを生み出しているのは，次の2点だと思います。

　1つは，フィールドメモが現時点の自分のための大づかみ的な覚書であるとすれば，フィールドノーツは未来の自分のための緻密な記録であることです。観察を終えた直後は，まだ目に残像が焼き付いていますし，耳にも行為者の発話がいきいきと残っていますので，フィールドメモを見るだけで特定の出来事や事象を具体的に思い出すことができます。

　しかし，たとえば卒業論文研究の一環として，3年生の10月から翌年の3月まで半年間フィールドワークをすることにした場合，10月に取ったデータを本格的に分析するのは早くても翌年の4月以降ということになります。つまりフィールドメモを書いてから6ヵ月間もの時間が流れた後に，もう一度データを見ることになります。どんなに記憶力のよい人でも，半年も経てば観察直後に覚えていたこともほとんど忘れてしまい，実際にどのような状況で誰が何と言ったのかを正確に想起することは難しいでしょう。自分が書いたフィールドノーツを読む自分は，書いた時点での自分とはまったくの別人であることを自覚して，かなり時間が経過した後でも当時の情景が再生できるようなものにしておく必要があるのです（佐藤, 2002）。後で読み返してもわかるようにフィールドノーツを作っておかないと，卒業論文の分析には使えないのです。

　もう1つは，フィールドメモは自分の関心の網にかかった事物の覚書であるとすれば，フィールドノーツは自分が見てきた世界に対する解釈の記録であることです。筆者自身，フィールドノーツを書いている過程で，フィールドメモを書いていたときにはわからなかったフィールドの人びとの意味づけや行為の文脈に気づくことを何回も経験しました。つまりフィールドノーツを作る目的は，フィールドメモに書き付けた事項について補筆しつつ清書することだけにあるのではなく，対象とする集団の社会生活の文脈を理解し，そこで生起した出来事や行為の意味を読み解くことにもあるのです（佐藤, 1992）。別の言い方をすれば，フィールドノーツとは，「事実についての包括的で正確ないし客観的な描写というよりは，生活の断面をいきいきとしたディテ

ールで描いた一連の物語といったものに近い」（エマーソン他, 1998, p.148）ものです。五感を通してフィールドで感受してきた事柄を紙の上に文字化する過程で，フィールドで生起した事柄をすべて記録することはとうていできませんから，ある程度，観察者の関心・目的や理論的立場などによって，何を優先的に書くかを選択しなければなりません。つまり，フィールドノーツは，フィールドメモを単に清書したものではなく，自分が見聞きしたことを自分の関心や視点を核にして書き込んだ後に，自分なりの組み立て方を通して世界についての1つの解釈を呈示したものなのです（エマーソン他, 1998）。

　もちろん特定の目的意識の下にある事柄にスポットライトを当ててフィールドノーツを書く場合でも，その周辺部分や関連事項についてのデータも並行して収集し記録していくので，譬えて言えば，生活の断面は一本の糸としてではなく，一定の幅を持った反物として表現されることになります。

2．フィールドノーツの作成例

　使用する道具や様式も含めて，フィールドノーツをどのように作るかは人によりさまざまです。自分の研究目的や使用可能な道具を考慮して，自分なりのスタイルを作るのがよいと思いますが，ここでは「手書きによるフィールドノーツ」の例と「パソコンによるフィールドノーツ」の例を紹介します。

（1）**手書きによるフィールドノーツの例**

　手書きによるフィールドノーツ作成法の例として，筆者の例（柴山, 1999）を紹介します。筆者は保育園を主たるフィールドにしてフィールドワークをしてきたことはすでに述べましたが，観察データの記録においては，幼児の仲間関係をエスノグラフィックに分析した社会学者のウィリアム・A・コルサロ（Corsaro, 1985）のスタイルを参考にしました。大学ノートを使い，フィールドノーツの構成を〈観察記録の部〉と〈解釈・省察の部〉の2部構成にしました。

　〈観察記録の部〉の記述では，フィールドメモを手がかりにして保

育園内の出来事や園児の言動を想起しながら，それらが生起した文脈がわかるように時間軸に沿って具体的に記録しました。すなわち大学ノートの左端にエピソードの開始・終了時間や場面が転換した時間などを書き，右側の広い部分に誰が誰と何をどのようにしたのか／どのように言ったのかがわかるように，人びとの対話と行動・状況記録（その場の雰囲気も含む）を具体的かつ物語仕立てで書いていきました。図8-1は，筆者のフィールドノーツの一部で，実名を仮名にした上で部分的に転写したものです（ⅠはO君を指しています）。

　具体的な記述の例として，園児の服装についての記述を取り上げてみましょう。筆者がフィールドとしたA保育園には，外国人園児が多数在籍していましたが，中国や韓国から来た園児は冬にたくさん着込んで登園していました。筆者が焦点を当てたO君という5歳の中国人男児も例外ではなく，厚着でした。この場合，「O君は厚着である」と書いたとしたら，この記述を半年後に読み直したときに，当時のO君の服装を正確に思い出すことは難しいでしょう。観察当時になぜ厚着だと思ったのか，その根拠を記しておかないと，説得力がないデータになってしまいます。

　そこで，園児が給食から午睡に移行する過程に注目して，O君がパジャマに着替える場面をよく観察して，上下に何枚ずつ着用していたのかを日本人園児と比べながら記録しました。フィールドメモには着ていた服の種類とイラストを書いておき，フィールドノーツに書き直すときに，O君は「下着＋Yシャツ＋ベスト＋トレーナーを着て，長ズボンを履いていた。同日，K男とT男をはじめとする日本人男児は，下着＋トレーナー＋半ズボンであった」とイラストも添えて記録しました。こうすることで，O君が他の園児と比べて2枚も多く着ていたことがわかります。

　実は，秋から冬が終わるまでの時期に子どもに服をどのように着せるかについての考えが日本と中国・韓国とでは違っており，これが日本人保育者と中国人・韓国人保護者との間で生じる葛藤の1つになっていました。フィールドとした保育園では，園児になるべく薄着をさせる，つまり「薄着にさせて皮膚を外気に触れさせたり運動をさせたりして子どもを丈夫にするのがよい」という考え方が共有されていま

した。これに対して，中国や韓国の親御さんは，「子どもは体力がなく抵抗力が弱いから，たくさん着せて寒さから身体を守りながら子どもを丈夫にするのがよい」という考えを持っていました。後に，厚着と薄着をめぐる日本人保育者と中国人・韓国人保護者とのやりとりを，養育習慣をめぐる文化的対話という視点から分析しましたが（柴山，1996），その際にこうした具体的な記述が役立ちました。

具体的に書く上でのもう１つのポイントは，その場にいたからこそわかる雰囲気なども書き込むことです。たとえばフィールドの人びとの発話をフィールドノーツに書く場合，「Ｓ保育者がＯ児に『Ｏ君，もういいですね』と言った」と書くだけでは，半年後にその場の雰囲気まで思い出すのは難しいでしょう。そこで，「Ｓ保育者がＯ児に『Ｏ君，もういいですね』と優しい口調で語りかけて確認した」，あるいは「Ｓ保育者がＯ児に『Ｏ君，もういいですね』と威圧するような感じで言い放した」というように，五感を通して吸収してきた雰囲気や微妙なニュアンスなども書き込んでおくとよいでしょう。

〈観察記録の部〉を書き上げるだけで，観察時間の２倍以上の時間がかかると考えて間違いないでしょう。フィールドワークを始めたばかりの頃は，時間的にも力量的にも〈観察記録の部〉を書き上げるのに精一杯で，〈解釈・省察の部〉まで書くことは難しいことでした。やがてフィールドノーツを書くうちに，データの持つ意味を自分なりに考えることができるようになり，書くことを通して解釈する段階に進むことができるようになりました。

筆者は，〈解釈・省察の部〉の記述のしかたとして，コルサロのスタイルを真似して，「理論メモ」「方法論メモ」「個人メモ」の３つの覚書を書いています（柴山，1999）。「理論メモ」というのは，観察データに潜んでいる理論的な示唆を書き留めたものです。１月24日の場合，遊びの場面と食事の場面におけるＯ君の日本語使用を見て，眼前の事物に即さない話題が展開されることが多い食事中の会話に参加できるようになるためには，単に日本語を聞き取れるようになるだけでなく，その背後にある共通の関心や話題を共有している必要があるらしい，という気づきを書き留めました。

「方法論メモ」というのは，フィールドワークのやり方についての

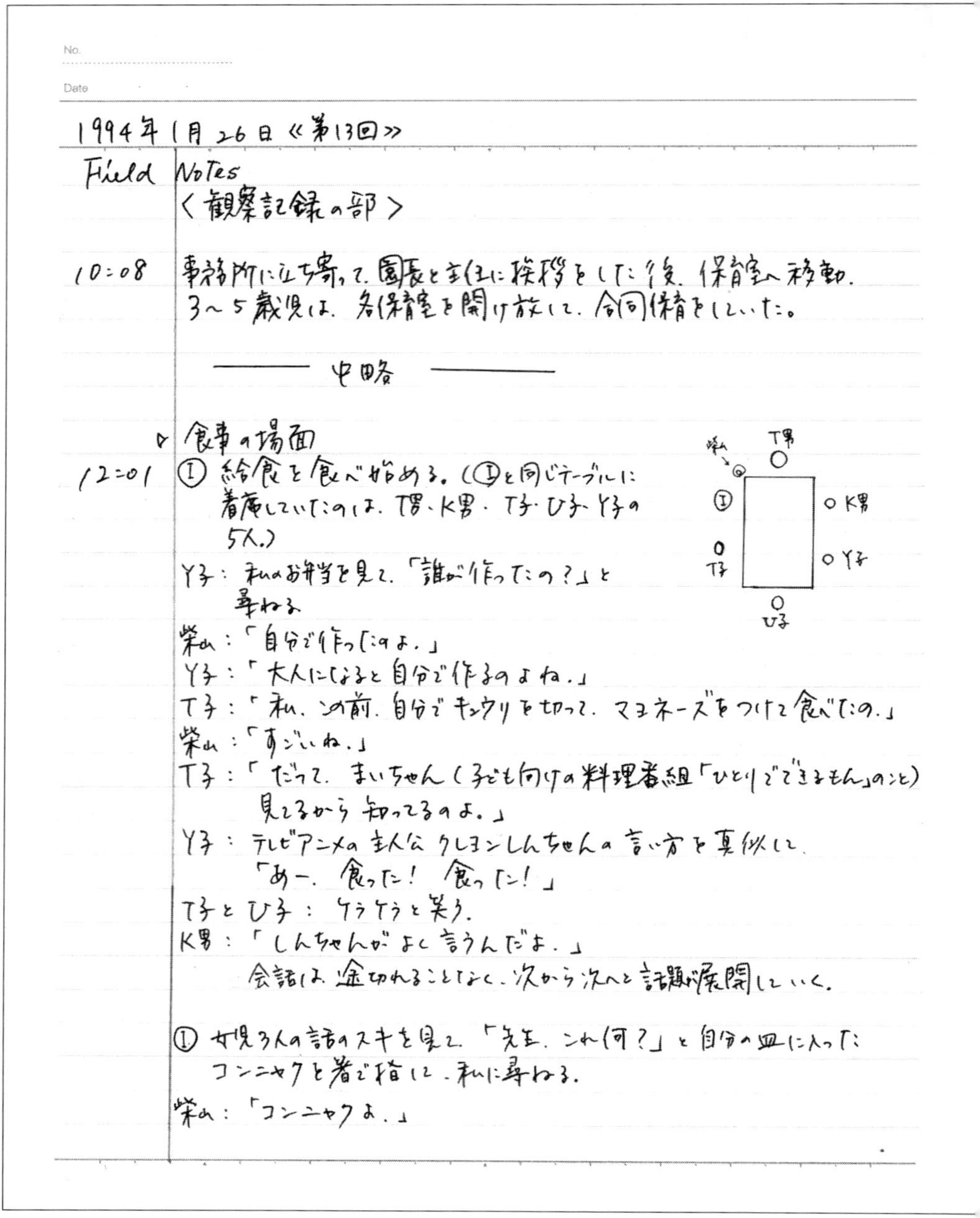

1994年1月26日 《第13回》
Field Notes
〈観察記録の部〉

10:08　事務所に立ち寄って、園長と主任に挨拶をした後、保育室へ移動。
3～5歳児は、各保育室を開け放して、合同保育をしていた。

―――― 中略 ――――

◇ 食事の場面
12:01　① 給食を食べ始める。（①と同じテーブルに
着席していたのは、T男・K男・T子・ひ子・Y子の
5人。）
Y子：私のお弁当を見て、「誰が作ったの？」と
　　尋ねる。
栄（筆者）：「自分で作ったのよ。」
Y子：「大人になると自分で作るのよね。」
T子：「私、この前、自分でキュウリを切って、マヨネーズをつけて食べたの。」
栄：「すごいね。」
T子：「だって、まいちゃん（子ども向けの料理番組「ひとりでできるもん」のこと）
　　見てるから知ってるのよ。」
Y子：テレビアニメの主人公 クレヨンしんちゃんの言い方を真似して、
　　「あー、食った！ 食った！」
T子とひ子：ケラケラと笑う。
K男：「しんちゃんがよく言うんだよ。」
会話は、途切れることなく、次から次へと話題が展開していく。

② 女児3人の話のスキを見て、「先生、これ何？」と自分の皿に入った
コンニャクを箸で指して、私に尋ねる。
栄：「コンニャクよ。」

図8-1　筆者のフィールドノーツの例

―― 中略 ――

▷ 着替えの場面.
12:53　S先生：「ホールへ行って着替えたら？ もう、みんな行ってるよ！」
　　　①：首を横に振って、着替え始める.
　　　S先生：①の着替えの様子を見て、「これ（ベスト）も着てたの？
　　　　　　　　いっぱい着てるね。」
　　　①：脱いだ服をきちんと畳んで、自分のパジャマ袋に入れ、自分の棚に
　　　　　しまいに行く.
　　　　　　　　　（以下, 省略.）

★①君の服装
　下着＋Yシャツ＋ベスト＋トレーナーを
　着て、長ズボンを履いていた.
　同日. K男とT男をはじめとする
　日本人男児は, 下着＋トレーナー＋
　半ズボンであった.

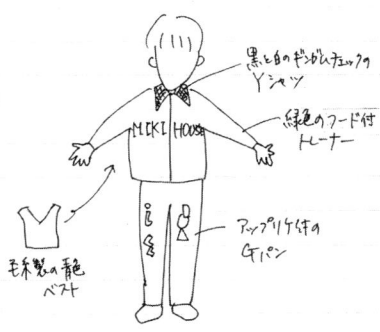

（図：①君の服装のスケッチ　― 黒と白のギンガムチェックのYシャツ／緑色のフード付トレーナー／アップリケ付のGパン／毛糸製の茶色ベスト　MIKI HOUSE）

〈解釈・省察の部〉
[Theoretical Note]
　今日の食事中の子ども達の会話を聞いて気づいたことは、必ずしも
目の前にある具体物に即した話題とは限らないということである.
遊びの場面では、遊具やオモチャを介して会話が生起することが
多いため、①は具体的に物を指でさして、自分の意図や要求を
伝えている.
　しかし、食事中になされる会話に参入するためには、何が話されて
いるのかを理解するだけでなく、子どもに共有されている関心事
（テレビアニメやテレビ番組など）を①も経験していることが
必要となるのではないだろうか.

覚書です。実際にフィールドワークをしてみると，毎回思った通りにうまくできるとは限らず，「こういう聞き方をした方がよかった」とか，「あそこから見た方がよかった」などと反省点が出てきます。こうした方法論的な反省点も次のフィールドワークに生かすためには，きちんと記録しておくことが大切です。

　最後に「個人メモ」というのは，フィールドの人びとについての覚書です。フィールドワークを重ねていくと，保育者から自分が観察していない場面での園児の様子や家族関係などを聞けるようになりましたが，そのつど，聞いたことを書き留めておくようにしました。

　3種類のメモの代表的な活用法としては，次の2つをあげることができます。1つは，フィールドワークをする前に前回のフィールドノーツに記述した3つのメモを読み直すことによって，観察の焦点やフィールドを見る視点を自覚できることです。長期間にわたって1つのフィールドで観察を続ける場合，最初は見るもの聞くものすべてが目新しく新鮮に感じますが，回数を重ねるうちにフィールドで生起する事柄を当たり前に感じるようになります。こうした傾向を回避するための一方法として，「これまで集めたデータから見えてきたものは何か」「それをさらに深く考えるためにはどのようなデータが必要なのか」を常に考えながら，フィールドに入る必要があります。これはエスノグラフィーの手法の特徴の1つである，〈データの収集と収集しつつあるデータの分析を同時に行うこと〉の1つの姿に他なりません。

　もう1つは，特に「理論メモ」がエスノグラフィーを書くときの有力な手がかりになることです。フィールドワークのいろいろな段階で書き留められた「理論メモ」は，最初から最後まで1つの理論的な視点で貫かれているとは限りません。フィールドで生起している社会的現象は多層的であるため，たとえばよく似た園児同士の相互作用過程を記録しても，言語発達理論に引きつけて解釈することもできれば社会的発達の視点から解釈してみることも可能でしょう。言ってみれば，フィールドノーツを書く過程で暫定的に生成された解釈や理論的なひらめきを書き留めた「理論メモ」はお宝箱のようなもので，フィールドノーツ全体を1つの視点から解釈しようとする際に重要なヒントになります。

なお，保育園でのフィールドワークでは保育者や保護者からの聞き取りも行いましたが，これは「インタビュー記録」として観察記録とは別に作成しました。インタビュー記録の作成にはパソコンを使い，フィールドメモを記憶の手がかりにして，語り手の語り口をそこなわないように記録しました。語り手ごとに個人別ファイルを作り，ファイルの冒頭には語り手の名前・日時・場所・聞き取りの状況を書き添えました。

(2) パソコンによるフィールドノーツの例

　パソコンによるフィールドノーツ作成法の代表例として，社会学的エスノグラフィーの第一人者である佐藤郁哉氏の例を紹介します。これは，佐藤氏の著書『フィールドワークの技法』(佐藤，2002)で紹介されているフィールドノーツの一部です。同書に掲載されている佐藤氏（熟練者）と学生（初心者）のフィールドノーツの例（図8-2）を併せて見ることによって，佐藤氏のフィールドノーツの特徴を見ていきましょう（図中の下線および番号は，引用者が付したもの）。

　佐藤氏のフィールドノーツの特徴の1つは，「具体的に書く」ことが徹底されていることです。フィールドの人びとについての記述を見ると，「学生のフィールドノーツ」には「受付では，中年の割とフォーマルな感じのする服装の男性と普段着の中年の女性に丁寧な物腰で応対される。」と記述されています。「フォーマルな感じのする服装（下線部①）」や「普段着（下線部②）」ということばから何となく概略はわかるような気がしますが，受付の男女が具体的にどのような服装をしていたのかはわかりません。この部分が佐藤氏のフィールドノーツではどのように記述されているかを見ると，「受付男性：40代後半。ワイシャツのうでまくり。斜めのストライプのネクタイ。（下線部①′）」「受付女性：50代後半。赤っぽいブラウスの上にピンクっぽいチョッキ。（下線部②′）」と書かれています。このように書かれていると，受付の男女の服装を具体的に知ることができます。

　待合室については，「学生のフィールドノーツ」では「ゆったりとして落ち着いた雰囲気（下線部③)」と記述されていますが，一度も行ったことがない人にはどのような部屋だったのかがよくわかりませ

〈学生のフィールドノーツ〉

献血ノート
6月3日

　柏戸献血ルームは、2階にあり、そこへはエスカレーターで昇るようになっている。2階に近づくにつれて、慣れない臭いを感じる。それと同時に初めての場面に対する不安や緊張を覚える。「入りたくないなあ……」
　それでも覚悟を決めて献血ルームに入る。
　受付では、中年の割とフォーマルな感じのする服装の男性と普段着の中年の女性に丁寧な物腰で応対される。男性の方に成分献血を勧められるが、時間が1時間もかかるというので断り、普通の献血にした。
　待合室は平日の午前中のためか、献血を待つ人はほとんどいない。ゆったりとして落ち着いた雰囲気である。黒いソファが11脚、丸いテーブルが3つ置いてある。それぞれのテーブルの上には菓子がたくさん入った器がある。部屋の隅には、かなり大きめのテレビが置いてあり、自由にチャンネルを変えられるようになっている。
　比重測定になる。係の女性に両腕を出すように言われ両腕を出すと、左腕から採血することになる。女性は注射でほんの少し血液をとって、その血液を水色の液体に垂らすと、血液は下の方に沈んでいく。この間、彼女は笑顔を絶やさず、好印象を受けた。
　次に血圧測定。あとで彼と受付係の会話から彼が医者であることが分かった。緊張して血圧が上がらないように注意し、目をつぶって気を落ち着けた。測定値は102-64。大丈夫だということである。
　採血室は待合室よりずっと明るい。採血のための装置がかなりの数あり、寝椅子のようなものもそれと同じくらいの数ある。
　（中略）
　水色の服を着た太った年配の女性が採血する。なんだか事務的な印象を受ける。ひじの上をゴムで縛られて血管が浮き出てくる。弾力のある握りを渡され、握るように言われる。ガーゼで消毒され、かなり太い注射針を刺される。刺す時だけ痛い。
　他の献血者を見てみると、3人ほどいる。
　・18歳くらいの美人。髪は肩までで短い。
　・少し派手めの服装をした30代くらいの女性。髪はかなり長い。
　・制服を着たたぶん女子高生。彼女は友達と来たが、友達は献血していない。
　（中略）
　献血が終わり、受付のおばさんに呼ばれて受付にいくと、血液型を擬人化した血の滴のイラストと「愛の献血にご協力をいただき誠にありがとうございました」の文字がプリントしてあるビニール袋に小さな電卓とテレカ、献血手帳、歯ブラシ、ポケットティッシュ、チラシが入ったものをもらう。待合い室で30分ほど今日の観察のメモをとったりしてから献血ルームを出る。

図8-2-1　佐藤氏と学生のフィールドノーツの例
　　　（『フィールドワークの技法』p.165/pp.169-170/p.171/p.175から引用）

〈佐藤氏のフィールドノーツ〉

1992年6月3日（水曜日）快晴・夏のような陽気
【献血センター】

【流れ】

11：15　　柏戸駅から柏戸交通バスで鳳町3丁目バス停留所着
　　　　　　　〈到着〉
　　　　　　　〈献血ルーム看板〉
　　　　　　　〈予備調査〉
　　　　　　　〈呼び込みのオジサン〉
11：30　　　〈献血受付〉
11：33　　　〈比重測定〉
11：37　　　〈採血〉
11：45　　採血終了
11：50　　　〈再度受付〉
　　　　　　　〈年間献血者数〉
11：55　　観察終了、採血ルームを去る

【人々】

関係者
　呼び込みのオジサン　50歳前後。グレーのスーツ上下（センターベンツ）。ネクタイ。前頭部が禿げ上がり、後頭部も薄い。〈呼び込みのオジサン〉参照。
　「関係者」　3名の男性。40代から50代。ワイシャツにネクタイ。スラックス。
　受付男性　<u>40代後半。ワイシャツのうでまくり。斜めのストライプのネクタイ</u>。柏戸弁。
　受付女性　<u>50代後半。赤っぽい色のブラウスの上にピンクっぽいチョッキ</u>。名札には浦部。
　比重測定の看護婦　20代。ピンクの制服。
　血圧測定の医師（？）　40代後半。白衣。額が禿げ上がっている。
　採血室の看護婦たち　6名。内4名がピンクの制服、2名がブルーの制服。それぞれ、同色の看護帽をかぶっている。

献血者たち
　成分献血者1　男性。20代。郁哉の2つ隣の寝椅子でヘッドホンをかけてテレビを見ながら採血されている。
　成分献血者2　女性。30代。窓側の寝椅子で採血されている。
　献血者　男性。20代前半。

図8-2-2　佐藤氏と学生のフィールドノーツの例

【エピソード】

比重測定　　　　受付左手の比重測定用の机に向かう。ピンクの看護婦の制服を着た女性が一人机についている。
　　　　　　　　看護婦：「それでは、両方の腕を見ます」
というので、郁哉、両腕を出す。看護婦、左手を使う旨を郁哉に告げ左腕にゴムバンドを巻き、注射の針を刺す。20秒ほどで比重測定用の採血は終わり、看護婦２つつながったシールの片方を試験管に貼り、もう一方を書類に貼る。
　　　　　　　　看護婦：「それでは、あそこで血圧をはかってください」と言って左手の机を指差し、書類を郁哉に渡す。

血圧測定　　　　郁哉、書類を持って血圧測定の机に向かう。机には白衣を着た医師らしき男性。郁哉、机の前の椅子に腰をおろす。
　　　　　　　　医師：「右手で測ります」
　　　　　　　郁哉、右手を出す。医師、やや古ぼけた、大理石模様とでもいうのだろうか、グレーの機械のPUSH AIRと書かれたボタンを押す。数分で測定がおわる。医師、その結果を書類に書き込みながら、
　　　　　　　　医師：「130に90ですか。ちょっと高めですね」
　　　　　　　　郁哉：「ああ、そうですか。いつも行くスポーツジムで測ると、108くらいに68くらいなんですけど」
　　　　　　　　医師：「そうですか。なんで高いんだろう。確かに、年齢からすると110くらいがちょうどいいですけどね。じゃ、採血して下さい」
　　　　　　　医師、郁哉に書類を渡す。

採血　　　　　　　　　　（略）

図８-２-３　佐藤氏と学生のフィールドノーツの例

献血ルーム見取図（一部）（実際の見取図は手書き）

黒色の荷物置棚（たぶん木製）
浦部　男性
緑色のロッカー（扉が20）
受付カウンター
時刻表など
← 身長計
体重計
黒色の安楽イス
比重測定用テーブル
看護婦
15〜16歩
← 献血説明パンフ他
← マガジンラック（週刊誌）
「血圧測定・問診」用テーブル
医師?
← コカコーラ自販機
自動ドア

寝椅子
絵画3点

男性献血者
成分献血用採血機器
同タイプ3台

15〜16歩 ×1.5倍位

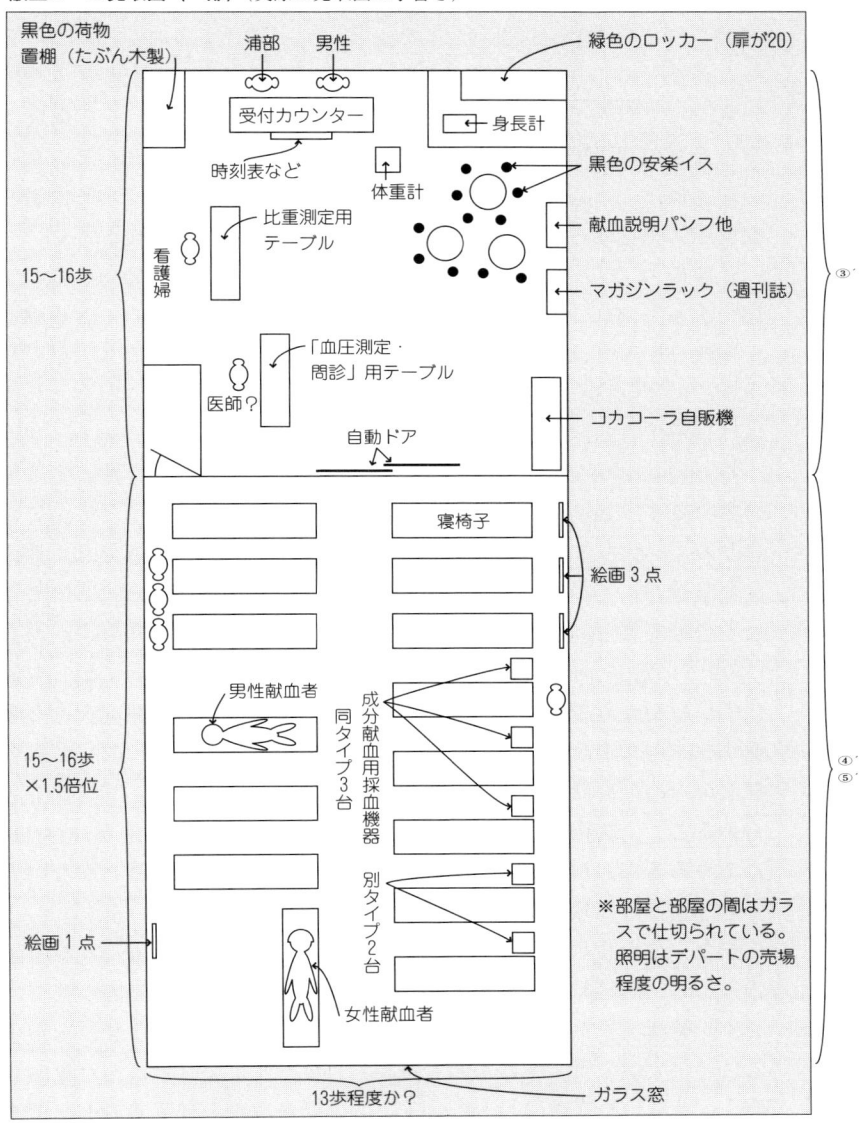

別タイプ2台

絵画1点

女性献血者

※部屋と部屋の間はガラスで仕切られている。照明はデパートの売場程度の明るさ。

13歩程度か？　← ガラス窓

図8-2-4　佐藤氏と学生のフィールドノーツの例

ん。佐藤氏のフィールドノーツでは,「献血ルーム見取り図」として記録されています（図8-2-4の③′部分）。待合室には受付カウンターと体重計があり,右側には丸テーブルが3つと黒色の安楽イスが置かれ,マガジンラックもあります。テーブル・イス・ラックの間にはそれなりのスペースがあるようです。学生の「ゆったりとして」という記述は,こうした空間配置を表現したものかもしれませんし,黒の安楽イスを見て「落ち着いた雰囲気」と書いたのかもしれません。

　佐藤氏のフィールドノーツで特に注目すべき点は,自分の歩幅で部屋の広さを測り「15～16歩」と記述している点です。歩幅による測定が困難な場所では,目で見て「約○m×約△m」と書くのも一案でしょう。いずれにしても,待合室がどのような部屋だったのかが,具体的に理解できる記述となっています。

　採血室については,「学生のフィールドノーツ」では「採血室は待合室よりずっと明るい。採血のための装置がかなりの数あり……」と書かれていますが,「かなりの数（下線部④）」という記述では,具体的に装置がいくつあったのかがわかりません。同様に「寝椅子のようなものもそれと同じくらいの数ある。（下線部⑤）」と書かれていても,「かなりの数」がはっきりしないので,「それと同じくらいの数」も具体的にはわかりません。採血装置と寝椅子については,佐藤氏は「献血ルーム見取り図」（図8-2-4の④′⑤′部分）として図示しており,採血のための装置には「成分献血用採血機器」と「別タイプ」が計5台あること,寝椅子（四角で表記）を数えると右の列に8つ,左の列に7つあることがわかります。その献血ルームに行ったことがない人でも,ひと目で献血ルームの様子がわかる記述となっています。

　また,佐藤氏の会話の書き方も参考になります（「血圧測定」の部分）。ここは医師の発話と佐藤氏自身の発話が括弧書きで書かれています。発話データの記録では,なるべく話者の語り口のままに記録することが大切です。特に子どもを観察対象とする場合には,対象児が使う言葉遣いや表現のしかたは子どもの発達段階を理解する上で重要ですので,観察者のことばで書き直さないように注意する必要があります。

　佐藤氏のフィールドノーツに見られるもう1つの特徴は,「実践全

体の大局的な記録」と「実践の詳細な記録」がバランスよく盛り込まれていることです。フィールドノーツの冒頭部分に，およその時間と出来事の順番を書いた【流れ】とフィールドに登場する人物の概要を書いた【人々】を書くことによって，フィールド全体を大づかみに捉えています。その上で，【流れ】で記した出来事の詳細を【エピソード】部分に書き込んでいます。佐藤氏は，こうした書き方を「鳥の目と虫の目のバランス」（佐藤，2002, p.167）と呼んでいます。これは，まさにフィールドワークの要諦の１つである，「細部を緻密に見ると同時に，全体の構造や文脈も把握すること」（第２講参照）をフィールドノーツ作成過程で具現化したものに他なりません。

　最後に，パソコンを使ったフィールドノーツ作成の最大の利点として，記録をデータベース化できることを指摘したいと思います。観察記録やインタビュー記録を電子的な文書ファイルとして保存することで，記録のコピーをとる手間が省けるだけでなく，専用ソフトを使うことによって，データやデータに付与されたカテゴリー間の関連構造を整理することができます（詳細については，佐藤郁哉著『フィールドワークの技法』の第６章を見てください）。ちなみに，手書きでフィールドノーツを作成する場合には，データ分析のたびに原本のコピーをとり，コピーの方に色線を引いたり切り貼りしたりしてデータを整理することを薦めます。

（３）フィールドノーツ作成の要点

　以上を踏まえて，フィールドノーツ作成の要点をまとめたのが表８-１です。何を使ってどのようなフィールドノーツを作るかについては，特に決まりがあるわけではなく，観察者の選択の余地があります。パソコンが使えないような状況でフィールドノーツをつけなければならない場合には手書きでもよいでしょうし，パソコンやソフトの使用が自由にできる場合にはパソコンで作成してもよいでしょう。要は，フィールドノーツ作成の要点を押さえた上で，自分に合ったやり方で，観察後に必ずフィールドノーツを書き上げることです。

　子どもの日常生活に参加しながらそこで見聞きしたことを系統的に記録していく作業は，心理学的エスノグラフィーの手法を使った子ど

表 8-1　フィールドノーツ作成の要点

Ⅰ. 観察データの記録
　○実践全体の大局的な記録を書く。　　○実践の詳細な記録を書く。
　　・時間　　　　　　　　　　　　　　・出来事や人びとの言動を具体的に書く。
　　・出来事の順序　　　　　　　　　　・その場の雰囲気も書き込む。
　　・登場人物　など　　　　　　　　　・出来事が生起した場所の見取り図を
　　　　　　　　　　　　　　　　　　　　書く。

Ⅱ. データについての解釈・考察の記録
　○3種類のメモ（覚書）を書く。
　　・理論メモ
　　・方法論メモ
　　・個人メモ

も研究，すなわち子どもエスノグラフィーの根幹をなすものです。フィールドノーツの作成は，誰が見ても同じように見える社会的現実を文字に変換するといった機械的な作業ではなく，多様な出来事の中から観察者の関心によって選択された事象を特定の視点から提示するというきわめて解釈的な作業なのです。観察者がフィールドノーツから何を見出すかは，観察者がどのようにフィールドノーツを書いたかということと不可分に結びついており，知見と方法は切り離して考えることはできないのです（エマーソン他，1998）。

この講のまとめ

　エスノグラフィーの成否は，どれだけ良質のフィールドノーツを作れるかにかかっていると言っても過言ではありません。フィールドノーツの作成とは，フィールドで取ったメモ書きを「記憶の手がかり」にして，フィールドで生起した出来事を自分の関心や視点を核にして選択的に書き込み，選択した事象について特定の視点から自分なりの解釈を提示することなのです。
　フィールドノーツ作成の要点として，① 観察した実践全体の大局的な記録を書くと同時に実践の詳細な記録を書くこと，② 書いた記録についての解釈・考察も書くこと，をあげることができます。

発展学習のための文献ガイド

- 佐藤郁哉，2002『フィールドワークの技法：問いを育てる，仮説をきたえる』新曜社．

  フィールドワークの一般的な調査の手順と技法について解説した入門書。特に第4章は，清書版フィールドノーツを書くことは「フィールドの人びとの体験の意味を追体験し共感的に理解すること」に他ならないことを理解する上で，多くの示唆に富んでいます。

- エマーソン, R.・フレッツ, R.・ショウ, L.（佐藤郁哉・好井裕明・山田富秋訳），1998『方法としてのフィールドノート』新曜社．

  カリフォルニア大学ロスアンゼルス校など3つの大学で行ったフィールド調査の講義に基づいて，フィールドノーツを作成し活用する上での実践的技法について解説した入門書。随所に学生らのフィールドノーツ例が盛り込まれており，フィールドノーツを書き上げていく過程を具体的に理解する上で参考になります。

第9講

「聞く」技法としての インタビュー

◆講義内容
1．心理学研究における面接法
2．面接法の種類と特徴
3．面接とインタビュー

海外調査で訪れた中国・北京市。「股割れズボン」を履いてトイレット・トレーニングをしている中国人幼児。

1．心理学研究における面接法

　　フィールドの人びとの生活世界を理解するための最も有効な方法は，人びとの言動を直接観察することです。とは言うものの，人びとの行動に細心の注意を払って観察していても，「なぜそのようにするのか」あるいは「なぜしなかったのか」という当事者の意図や考えがわかりにくいこともあります。そのような場合には，観察に加えて，日常生活で出会う人・もの・出来事などを，人びとがどのように受け止めて解釈しているかを聞く必要が出てきます。

　　心理学的な人間理解の方法としての面接法は，「明確な目的と構造（形式）と技法をそなえ，会話の参加者に面接者（聞き手）あるいは面接対象者（話し手）という固定的な役割を与えた」，「会話を通して行われるデータ収集の技法」と定義されています（鈴木, 2005）。すなわち一定の目的を持った対面的な相互作用であって，日常生活における談話やお喋りとは違うということです。それゆえに「聞く」ことによって必要なデータを取れるようになるためには，それなりの訓練が必要となるわけです。

　　エスノグラフィーの手法による子ども研究の場合にも，研究目的によっては，保育者や保護者の行動データだけでなく，意味世界を知るためのインタビューデータが必要になる場合があります。インタビューデータからは行動観察からはわからない人びとの信念や解釈を知る手がかりを得ることができますので，多くの場合，参与観察を中心的な技法としながらも，インタビューも組み込んだ形でフィールドワークを行います。

　　ただし，聞くことによって取り出すことができる人びとの信念や解釈は，当事者の意識をくぐって表出された信念であり解釈であることに，留意する必要があります。また保育実践や子育て実践に代表されるような文化的実践では，保育者が生成する行為は半ば自動化・習慣化されているものも多く，保育者は自らの営みをすべて意識化して語ることができるわけではありません。別の言い方をすれば，保育者の営みには，保育者が意図してやっていることとほとんど意図せずやっ

ていることの両方が含まれますので,前者のような場合に保育者の意図を深く理解する上で,インタビューデータは力を発揮することになります。第9講と第10講では,心理学研究で使われてきた面接法の種類と特徴を確認した上で,フィールドで聞くための技法の特徴を理解することをねらいとします。

2．面接法の種類と特徴

心理学研究法としての面接法には,大きく分けて,面接者の側からの必要性に基づいて行われる「調査面接（research interview）」と,被面接者の側からの必要性に基づいて行われる「臨床面接（clinical interview）」の2種類があります（図9-1）。

```
                    ┌─ 構造化面接
          ┌─ 調査面接 ─┼─ 半構造化面接
          │           └─ 非構造化面接
面接法 ⇨ ─┤
          │           ┌─ 診断面接
          └─ 臨床面接 ─┤                ── カウンセリング
                      └─ 治療面接 ──       心理療法
```

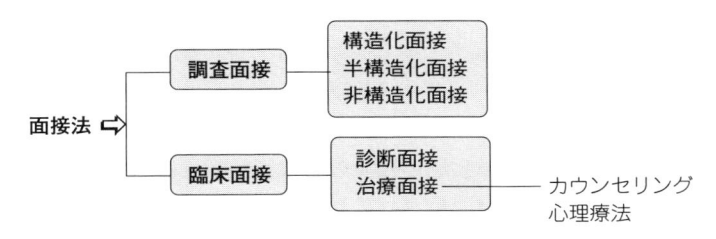

図9-1　面接の種類

（1）調査面接

まず調査面接には,「構造化面接」「半構造化面接」「非構造化面接」の3種類があります。

① 構造化面接

「構造化面接」とは,ほとんどすべての質問の内容と順序,質問のしかたや回答の記録方法など面接のシナリオを前もって決めておき,そのシナリオにそって進めていく面接を言います（鈴木, 2005）。構造化面接は,質問の内容や質問・回答の方法によっては,仮説の検証を目的とした調査でも,仮説生成を目的とする調査でも使うことができます。面接者が質問を読み上げ,回答の選択肢に従って被面接者の回答を記録するやり方をとれば,統計的な処理がしやすい量的データを

収集できるので，社会調査や世論調査におけるデータ収集法としてよく使われています。

② 半構造化面接

「半構造化面接」とは，面接項目に即しつつも，話の流れに応じて柔軟に質問を変えたり加えたりするような面接を言います。ちょうど「構造化面接」と「非構造化面接」の折衷形式とされています。協力者に「こういうことを聞いてみたい」とあらかじめ質問項目を準備しておきますが，面接者が必要だと判断すれば，面接のシナリオを柔軟に変更することもできます。相手の答えの意味を確認する必要が出てきた場合には確認のための質問をしたり，面接をしながら新たな疑問が生じた場合には質問を加えたりするなど，相手の受け答えに応じて，柔軟に質問内容を修正・補足していく点に特徴があります（鈴木, 2005）。

③ 非構造化面接

「非構造化面接」とは，面接者の質問意図を前面に押し出さずに，対象者の受け答えの感触を探りながら，話の流れに応じて自ずと面接者が期待するような内容が語られるような面接を言います。非構造化面接と言っても面接目的が曖昧であってよいわけではなく，どのような語りに注目しどのような内容に焦点化するのかなど，あらかじめ明確にしておく必要があります（澤田・南, 2001）。「これについてどう考えますか」と最初から単刀直入に聞かないで，話をしながら無理のない形で聞きたい方向にもっていって，研究協力者に語ってもらうという面接のしかたです。

対象者自身の人生の語りとしてのライフヒストリー（ラングネス＆フランク, 1981）は，非構造化面接の代表的なものです。その人に自分自身の人生について自然に語ってもらうためには，「こういう話が出たらこういうふうに聞いてみよう」と臨機応変，自在に臨まないと，いい語りを引き出すことはできません。

調査面接で肝要なことは，何のために面接をするのかという研究目的を明らかにした上で，自分の研究に適切な種類を選ぶことです。

（2）臨床面接

次に臨床面接は、「診断面接」と「治療面接」に分かれます。

① 診断面接

「診断面接」は、子どもの発達状態や発達障害の状態について診断することを目的とした面接で、「心理査定のための面接」とも呼ばれます。

② 治療面接

「治療面接」は、心理査定に基づいて何らかの治療をすることを目的とした面接を言い、これには「カウンセリング」と「心理療法」の2種類があります。「カウンセリング」は、いろいろな問題があったときに解決的な援助をすることにより、相談を受ける人（「クライアント」と呼ばれます）の心理的な成長を助けることを目的としています。これに対して、「心理療法」（遊戯療法・箱庭療法・行動療法・音楽療法など）は、カウンセリングよりも治療の側面が強く、クライアントに何らかの治療を施すために行います。

簡単に言えば、調査面接の第1の目的が研究協力者についてのデータを収集することにあるのに対して、臨床面接では面接すること自体が目的とされます。

（3）面接法の特徴

観察法と比べながら面接法を見てみると、① 目的、② 手段、③ 関係、の3点において、面接法は観察法とは異なる特徴を持っています（保坂、2000）。目的については、観察法が人間行動の質的・量的特徴や規則性を解明することを目的としているのに対して、面接法は「行動そのものよりもその人の感情や価値観、動機など、こころの内面を理解すること」（保坂、2000, p.1）を目的にしていることです。一例をあげれば、保育園生活の中で保育者と園児のやりとりに見られる行動上の特徴を見るためには観察法が適切であり、保育者がどのような保育観や子ども観を持って保育をしているのかを探るためには、面接法が

適切だということです。

　手段については，観察法は言語的表出や言語的理解が十分でない乳幼児でも面接者と同じ言語を共有しない人でも，あらゆる人を対象に使用することができることからもわかるように，必ずしも言語を媒介とはしません。これに対して，面接法は言語を媒介とする手法であるために，聞き手の意図を理解したり自分の気持ちを説明したりする言語的能力を有することが前提となります。たとえば，乳児を観察して，どんな種類の喃語をどのくらい発しているかを見ることは可能ですが，面接して何かを聞き取ることはできません。幼児の場合でも，日常会話ができるようになる前の1，2歳児や日本語を十分に話せない外国籍園児に面接をして，内的世界についての情報を得ることは難しいでしょう。

　関係については，観察の場合，観察の種類によっては対象者とはあまり関わらずに観察をすることができますが，面接では面接者と対象者との関わりが大きいことです。実際に面接をしてみると，聞く側と聞かれる側の関係が面接過程に大きく影響を及ぼすことを実感します。対象者の語りを深く理解するためには，その人が語ることばの背景を理解する必要があるだけでなく，そうした背景を知ることができるような人間関係が形成されていることが欠かせません。

　しかし，同時に，その人に全面的に同情したり共感したりするのではなく，時にはその関係を外から見ることも，面接者には求められます。この点は，参与観察との共通点でもあり，フィールドに参加して溶け込み，観察対象者との関わりを深める一方で，観察者としての自分の位置を保つことが重要になります。つまり対象者との間に友好的な関係を築き，当事者の気持ちになって話を聞くと同時に，対象者の語りや心的状態を別の視点から見ることも必要になります。

　また，質問紙法との比較では，面接法も質問紙法も人びとの心の内面を言語を使って解明するという点は同じです。しかしながら，両者には大きな違いがあります。質問紙法は，一度に大量のデータを取ることができますが，人びとの内的世界について表面的なことしか汲み取れず，浅いデータしか取れないと言わざるを得ません。これに対して，面接法は，時間がかかりますが，良好な人間関係があり面接が周

到に準備された場合には，その人の内面に深く迫ることができる可能性があります。つまり，面接法は，研究対象にできる数は少ないけれども，時間をかけて丁寧に関わることで，より深いレベルで個人の内面を捉えようとする手法であると言えるでしょう。

3．面接とインタビュー

　以上，心理学研究の手法としての面接法について解説してきましたが，「面接」は心理学の研究や臨床の場面で限定的に使われることばではなく，たとえば「就職のための集団面接」とか「進学のための面接試験」というように社会でも広く使われています。

　一般に面接調査とか面接試験と言った場合，「机を挟んで向かい合った状態で，向こう側にいる面接者から何かを聞きただされること」あるいは「選抜されるために調べられること」というような印象があることは否定できないのではないでしょうか。それは，「面接」という手法には，"面接者と非面接者が歴然と区別され，より多くの知識や権力を持った面接者が，何らかの目的のために，情報収集・評価・選抜といった眼差しを持って被面接者に向かう"という暗黙の構えがあるからかもしれません。

　第12講「研究者倫理」で解説するように，従来，心理学研究では，調査する者（実験者・観察者・面接者など）が調査される者（被験者・観察対象者・被面接者など）よりも上位にいて，調査の内容・場所・時間の全般にわたって，調査者の計画や意向に沿う形でデータを収集しようとする傾向がありました。こうした傾向は，面接調査においても例外ではなかったものと思います。

(1) フィールドでのインタビュー

　フィールドに参加しながらデータを取るエスノグラフィーの手法では，参与観察が中心的技法とされますが，フィールドの人びとによって語られた口頭データを取ることも重要な役割を果たしています。乳幼児を対象に研究を進める場合も，研究目的によっては，保育者や保護者の行動データだけでなく，意味世界を知るためのインタビュー・

データが必要になることがあります。たとえば，外国人保育園児が保育者に誘導されながら特定の食事行為に出会う瞬間を捉えるためには，やはり観察が威力を発揮します。しかしながら，保育者が何を考えてそのように誘導しているのかを理解するためには，インタビューをして保育者が対象児をどのように見ているのか，どのように支援しようとしているのかを聞くことが必要になります。観察される行為としては同じ誘導をしていても，どのような子ども観を持ちどのような保育をめざしているかは，保育者によって必ずしも同じとは限らないからです。（もちろんインタビューによって取り出せるのは，保育者の意識をくぐって表出された信念・解釈ではあるのですが。）

　さらに，フィールドの人びととの関係が深まるにつれ，観察しながらわからないことを尋ねたり，立ち話をしたりすることもあります。時には，こちらが何か尋ねなくても，「昨日，こんなことがあったんですよ」と自発的に語ってくれることもあります。佐藤郁哉氏はこれを「問わず語り」（佐藤, 2002, p.230）と呼んでいます。こうした語りは，目の前で生起している事柄に対する解釈というよりは，過去の実践についての保育者の解釈や園児理解を知る重要なデータとなります。

　このようにエスノグラフィーの手法では，時間的にも空間的にも日常会話に近い形で行う聞き取りから，研究関心に焦点化しながらフィールドの人びとに語ってもらう聞き取りまで，幅広い聞き方を柔軟に組み合わせることによって，フィールドの人びとの経験に接近しようとします。心理学の調査面接法よりも幅広い「聞く」技法を使うことから，エスノグラフィーの手法では「聞く」技法を総称して「インタビュー」あるいは「エスノグラフィック・インタビュー」と呼んでいます。通常，「インタビュー」は日本語に訳せば「面接」となりますが，エスノグラフィーの手法を研究手法とする者の間では，伝統的な心理学研究の手法である面接法と区別するために，「インタビュー」という用語が使われています（佐藤, 2002；やまだ, 2003）。本書でも，エスノグラフィーの手法における「聞く」技法をさすことばとして，「インタビュー」を使用することにします。

(2) インフォーマル・インタビューとフォーマル・インタビュー

インタビューには，観察をしながらタイミングを見てフィールドの人々からの聞き取りを行う「インフォーマル・インタビュー」と，事前に尋ねたい事項を書いた「インタビュー・スケジュール（聞き取り項目）」を作り，それに基づいて聞き取りを行う「フォーマル・インタビュー」の2種類があります。それぞれのインタビューには独自の長所があり，インフォーマル・インタビューは観察しつつある事象に密着した形でフィールドの人びとの意味づけや解釈を聞き取ることができるのに対して，フォーマル・インタビューは人びとの考えや意味づけを系統的に引き出すのに適していると思います。一般に，フォーマル・インタビューは，フィールドワークがかなり進み研究設問が明確になってきた時点で，特定の事柄についてフィールドの人びとから系統的にデータを集めるために行われます。「構造化インタビュー」や「半構造化インタビュー」は，フォーマル・インタビューで使用される代表的な技法です。

佐藤郁哉氏によるインタビューの整理（佐藤，2002, p.233）を参考にして，心理学における面接法と関連づけながら，子どもエスノグラフィーにおけるインタビューの範囲を図示したのが図9-2です。

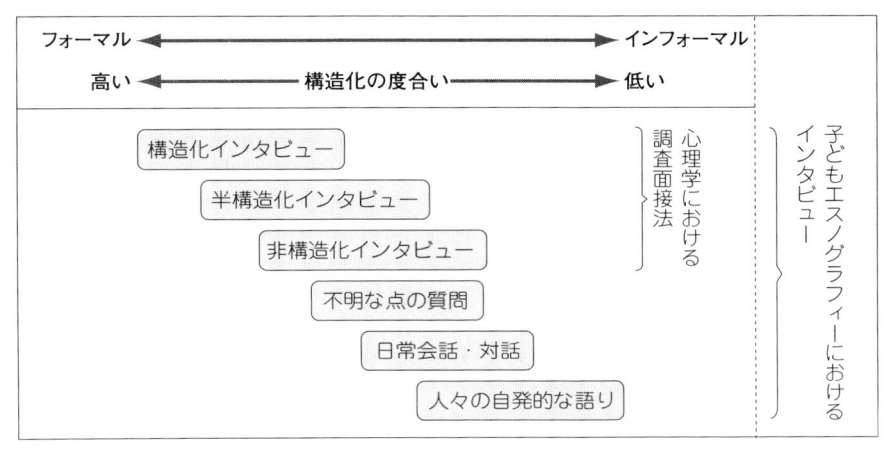

図9-2　子どもエスノグラフィーにおけるインタビューの範囲
（佐藤，2002, p.233を参考にして筆者が作成）

保育園をフィールドとする場合，フィールドの人びと（actor）は保育者・園児・保護者ということになりますが，保育者と保護者とではフィールドに留まる時間も保育実践への参加度も違います。こうした事情や研究目的を総合的に考慮して，インフォーマル・インタビューとフォーマルインタビューをうまく組み合わせるとよいでしょう。

（3）面接とインタビューの違い

　面接とインタビューの違いは，使用する技法の幅が広いか狭いかだけではありません。聞く場所や聞き手と話し手との関係など，聞く過程全体においても違いが見られます（佐藤, 2002）。まず「聞く場所」については，面接では，面接者が用意した部屋（会議室や面接室など）が使用されることもあれば，対象者の生活や仕事の場が面接場所になることもあります。ただ後者の場合でも，基本的には机を挟んで向かい合う形で面接を行うので，必ずしも対象者にとっては自然な状況とは言えないでしょう。これに対して，インタビューでは，多くの場合，フィールドで対象者の様子を見ながら聞き取りをしますので，対象者にとっては自然な状況の中で話をすることができます。

　「聞き手と話し手の関係」「聞く内容」「聞く過程での主導権」「聞く手段」については，面接（特に構造化面接）では，多くの場合，面接者は対象者よりも上位の立場にいて，面接者が予備調査や先行研究に基づいてあらかじめ予想した内容を中心に面接をします。面接の進め方も面接者に主導権があり，面接の流れに留意しながらも，面接者が用意した面接項目の取りこぼしがないように進めていきます。また，面接では，「……については，どのようにお考えでしょうか」「それについては……だと思います」というように，丁寧なことばづかいでやりとりがなされるのが一般的です。

　これに対して，インタビュー（特にインフォーマル・インタビュー）では，聞き手と話し手の関係の変化に伴って，聞く内容や聞き方が変わってくることがあります。筆者の場合，フィールドワークを始めたばかりの頃は，フィールドや保育についての知識が少ない筆者が豊富な知識や情報を持つ保育者から教えてもらうことが多かったのですが，フィールドワークも終盤になると焦点を絞り込んだ上で保育者から語

りを引き出すことができるようになりました。また，聞く内容も，フィールドノーツを作成しながら出てきた疑問点を聞くという聞き方から，フィールドワークをしながら研究設問にとって重要な質問をタイミングよく聞くという聞き方へとシフトしていきました。筆者から保育者へのインタビューでは，丁寧なことばの使用を原則としましたが，親しくなるにつれ，「昨日，こんなことがあってね。」と日常的な語り口で語ってくれる保育者が多くなりました。以上を整理したのが表 9-1 です。

表 9-1　面接とインタビューの違い

	面接	インタビュー
聞く場所	必ずしも話し手の生活の場や自然な状況ではない。	話し手にとって馴染みのある場所や自然な状況が多い。
聞き手と話し手の関係	知識の差や権力の差が存在する。	聞き手の知識量や話し手との関係は常に動的に変化する。
聞く内容	面接者が事前に面接で探求する主題とそのための項目を設定する。	聞く過程で，探求する主題とそれに関連する適切な項目を生成する。
聞く過程での主導権	かなりの程度，聞き手の側に主導権がある。	多くの場合，話し手の状況や関係性に依存する。
聞く手段	改まったことばづかいの使用が一般的。	話し手が日常的に使う方言・表現・語り口が使われることもある。

　以上のような特徴を持つインタビュー（エスノグラフィック・インタビュー）は，フィールドでの具体的事例を重視してそれを時間的・地域的な特殊性の中で捉えようとする点，また，フィールドの人びとの表現や行為を立脚点としてそれを人びとが生きている地域的な文脈と結びつけて理解しようとする点において，質的研究法を代表するデータ収集法の1つとされています（フリック, 2002）。質的インタビューには，エスノグラフィック・インタビューの他に，個人の主観的な観点から経験の意味づけや人生の様相を捉える「ライフストーリー・インタビュー」（Atkinson, 1998；徳田, 2004）や，メンバー同士の相互作用を通してより深い情報を得る「グループ・インタビュー」（ヴォーン，シューム，シナグブ, 1999；田垣, 2004）などがあります。

この講のまとめ

　インタビューは，参与観察と並んで，子どもエスノグラフィーの主要な技法です。従来，心理学研究の手法として使われてきた調査面接法の技法には，構造化面接・半構造化面接・非構造化面接があります。インタビューの特徴として，① 調査面接法よりも幅広い技法が使われること，② 人びととの相互作用の中で，聞く場所・聞く内容・聞き方を柔軟に変えながら，人びとの語りや行為を人びとが生きている時間的・地域的な文脈と結びつけて理解しようとすること，の2点をあげることができます。

発展学習のための文献ガイド

- 保坂亨・中澤潤・大野木裕明（編）2000『心理学マニュアル　面接法』北大路書房.
　心理学マニュアルシリーズの1冊で，調査的面接法と相談的面接法の理論と技法について解説した実践的マニュアル。面接法の特徴がわかりやすく解説されているだけでなく，その特徴を実感できるような実習課題と研究例が提示されています。
- 佐藤郁哉，2002『フィールドワークの技法』新曜社.
　第8講でも取り上げた社会学的エスノグラフィーの入門書。特にエスノグラフィーにおける聞き取りについて解説した第5章は，心理学研究法としての面接法とは違ったインタビューならではの特徴と過程を理解する上で参考になります。

インタビューの過程

◆講義内容
1. インタビュー・スケジュールの作成
2. インタビュー課題

タイ・バンコク市にある私立幼稚園のクリスマス会。同園は，3歳児以下の年少児向けの現地幼稚園であるが，アメリカ・フランス・日本など，タイに住む外国籍幼児も受け入れていた。タイのクリスマスは，「暑いクリスマス」である。

1．インタビュー・スケジュールの作成

「構造化インタビュー」の手順を知っていれば，受け答えの流れに応じて柔軟に質問を増減・変形する半構造化インタビューにも応用できますので，ここでは構造化インタビューのプロセスについて解説します。

（1）インタビュー・スケジュールの構成

よい口頭データを得るためには，思いつきで質問をするのではなく，入念に準備をした上でインタビューに臨む必要があります。あらかじめ考えてインタビューをしないと，自分が思っているようなデータは取れません。具体的には，自分がインタビューをする人にどんなことをどう語ってほしいのか，そのためにはどういう聞き方をしたらいいのか，どんなふうに尋ねたら自分が思っているようなことを語ってもらえるのかをあらかじめ考えて，準備する必要があります。

構造化インタビューに先立って準備するインタビュー材料を，「インタビュー・スケジュール（interview schedule）」と呼びます。一般にインタビュー・スケジュールは，「フェイス・シート」と「聞き取り項目」の2つの部分から構成されます。「フェイス・シート」というのは，インタビュー対象者の名前・生年月日・家族構成など，インタビューをさせてもらう人の個人データを記録するシートです。「聞き取り項目」というのは，尋ねたい事柄を尋ねる順番に，しかも「○○については，どのように思いますか」というように，そのまま相手に尋ねられるような会話体で書き出したものを言います。

尋ねたいことを書き出すといっても，思いつくままに質問を並べればよいというわけではなく，自分が明らかにしたい事柄について，すでにどのような研究がなされていてどのようなことがわかっているのかなど，先行研究や関連研究を十分に検討した上で，自分が明らかにしたい課題を決め，そのために有効な質問の領域と具体的な質問文を準備します。子どもを対象とする場合には，絵本や絵カードの準備が加わることもあります。

以下では，保育園児の親を対象にしたインタビューと幼稚園児を対象にしたインタビューの例をあげながら，インタビュー・スケジュールの作成過程を具体的に見ていきましょう。

（２）保育園児の親を対象にしたインタビューの例

　筆者がフィールドとしていたＢ保育園には，０歳児から５歳児までの全クラスにそれぞれ２人程度の外国人幼児がいました。フィールドの近くに大規模な国立大学があるという地域性を反映してか，それらの子どものほとんどが留学生の子どもでした。筆者がフィールドワークをしていた1990年代半ば当時，日本の留学生研究は，留学生が「学生」として日本の大学や地域社会でどのような経験をしているのかを検討するものがほとんどでした。そこで，筆者は，留学生を"異文化で子育てをする親"という視点から，日本でどのような経験をしているのかを明らかにしてみたいと考えました。これがインタビューの目的です。

　次に，異文化で子育てをしている親としての経験を明らかにするためには，いったい何を，どのように聞けばよいのかを考えました。親としての経験といってもいくつかの領域がありますので，保育園で観察をする中で気づいた領域や異文化での養育を見る上で重要だと思う領域を書き出しました。

　巻末の資料は，筆者が実際に使用したインタビュー・スケジュール（柴山，2001）です。質問項目の中で［　］で示しているのが，インタビューの柱とした大きな質問です。まず［来日の意味づけと保育園選択の経緯を知るための質問］を設定しました。日本に来ることをどのように受け止めていたのか。留学することや日本に行くことを楽しみにして来日後に子育てを開始するのと，「本当は行きたくなかったけれども，夫が留学するというので致し方なく付いてきました」というのでは，日本への入り方が違います。そこで，「日本に来た理由は，何ですか」，「日本に来ることが決まったとき，どう思いましたか」など，１番から４番までの質問項目を考えました。次に「日本に来て，どうして子どもを保育園に入れたのか」を知りたいと思いました。日本には幼稚園もありますし，１，２歳の子どもだったら，自分で保育

をすることも可能なわけです。保育園を選択した理由と経緯を知るために,「お子さんを保育園に入れる前は,誰が世話をしていましたか」,「家庭や幼稚園ではなく,どうしてお子さんを保育園に通わせることにしたのですか」,「現在の保育園をどのようにして知ったのですか」など,5番から7番の項目を考えました。

　続いて,実際に子どもを保育園に通わせてみて,どういう経験をしているかを知る必要があると思い,［育児に関する知識の入手先と,保育園での経験を知るための質問］を設定しました。育児の知識や育児習慣（おむつを外す時期や離乳食の進め方など）は国によって違いますから,日本の育児書を読んでいるのか母国の育児書を読んでいるのか,自分が持っている育児知識・習慣と保育園のそれとの間にズレがなかったかなどを尋ねようと考えました。この領域に関する具体的な質問項目は,8番から20番の項目です。特に鍵項目としたのは,12番と15番です。違和感というのは,もともと自分の国で身につけた一定の見方や習慣があるからこそ,異文化に行ったときに「それって変だな」と戸惑いや不快感を経験することが多いものです。この点で,違和感というのは,子育てにおける文化の違いを見るひとつのポイントになるのでないかと考え,12番の質問項目を導入しました。

　もう1つ,フィールドワークの中でつかんだ疑問を確かめるために設定したのが15番の質問項目です。予備調査の過程で気づいたのは,子どもの服の着せ方をめぐって,保育者と外国人園児の親との間に違いがあるらしいということでした。「中国の方とかはすごく厚着で,ちょっと涼しい風が吹くとすぐに厚いトレーナーを着せて」といった保育者のさり気ないことばから,その背後に育児習慣の文化差があるかもしれないと感じていたのです。実際にインタビューで,「日本の保育園では,なるべく子どもに薄着をさせることを勧めているようですが,これについてはどうですか」と尋ねたところ,中国人・韓国人母親の多くが,「そこが保育園に入れて一番いやだったのです」と,よくぞ聞いてくれたという面持ちで話してくれました。インタビューの質問項目を考える上で,フィールドワークでの気づきが役立った一例です。

　この他に,［家庭での子育て,特に子どもの二言語併用に対する考

えを知るための質問］と［親自身の変化を知るための質問］などを考えて，質問項目を構成しました。

（3）幼稚園児を対象にしたインタビューの例

　幼児にとって馴染みのある「サンタクロース」を幼児がどのように考えているのかを検討した事例を紹介します。この研究では，「幼児はどのようなサンタクロースを，どのような根拠があって信じているのか／信じていないのか」が目的とされました。幼児を対象にインタビューをする場合でも，インタビュー・スケジュールの作成過程は基本的には大人の場合と同じです。ただ幼児を対象とする場合には，対象者の状態に合った配慮が必要となりますので，それも含めて具体例を見ていきましょう。

　次ページのシートは，幼稚園児へのインタビューで使用された調査用紙で，『心理学マニュアル　面接法』に収録されている課題例（杉村，2000）です。上から2〜3行目がフェイス・シートに相当する部分です。この研究では，子どもの年齢が重要になっていることから，組・性別・園児の名前・生年月日の4項目が選ばれました。

　フェイス・シートに取り上げる項目は，研究の目的によって違ってきます。その子が何番目の子どもか，兄弟関係はどうであるかが重要になる場合には，それに関する項目を入れます。この研究では，何歳の子どもが，どのようなサンタクロースを信じているかという課題ですから，その子の年齢と性別が必要であると判断したものと思います。4，5歳になれば自分の名前や誕生日を答えることができると思いますが，生年月日は担任の先生に聞く方が確実でしょう。幼児の多くは，「12月15日」というように何月何日に生まれたかということを知っていても，自分が生まれた年を西暦や元号で正確に言える子どもは少ないかもしれないからです。

　次に質問項目の数ですが，幼児の場合，1人の子どもに20も30も質問をすると，かなり疲れてしまい，聞き取り内容の信憑性が低くなってしまうかもしれません。この事例では，多くて4つです。

　また，質問を始めるに際して注意すべきことは，幼児の気持ちを「サンタクロース」へと向かわせるような導入をすることです。幼児

幼稚園児を対象にしたインタビューの例 （杉村，2000を一部修正して引用）

インタビュー課題
　幼児がサンタクロースについてどのように考えているかを調べる。

調査日：（　）年（　）月（　）日　　　担当者：（　　　　　　　）
組　　：（年少・年中・年長）　　　　　性別　：（男・女）
園児の名前：（　　　　　　　　）　　　生年月日：（　）年（　）月（　）日

質問1：「○○ちゃんは，幼稚園のクリスマス会で見たサンタクロースは**本物**だと思う？　それとも**偽物**だと思う？」

　　　　　⇩ 本物　　　　　　　　　　　　　⇩ 偽物
　　　　質問1の反応理由　　　　　　　　　質問1の反応理由

「じゃあ，どうしてクリスマス会で見たサンタクロースは本物だってわかったの？」　　　「じゃあ，どうしてクリスマス会で見たサンタクロースは偽物だってわかったの？」

[　　　　　　　　　　　]　　　　　[　　　　　　　　　　　]

　　　　　　　　　　　　⇩
質問2：「じゃあ，どこかに**本物**のサンタクロースはいると思う？　それともいないと思う？」

　　　　　いる ⇩　　　　　　　　　　　　⇩ いない
　　　　質問2の反応理由　　　　　　　　　質問2の反応理由

「**本物のサンタクロース**はどこにいるの？どうして知っているの？」　　　「どうして**本物のサンタクロース**はいないってわかったの？」

[　　　　　　　　　　　]　　　　　[　　　　　　　　　　　]

への個別的インタビューの場合，遊んでいる幼児に順番に園内の特定の部屋に来てもらう形をとることが多いようですが，部屋に入ってきた幼児に唐突に「サンタクロースは本物か」と聞いても，幼児は混乱してしまうでしょう。そこで，クリスマス会の時の写真を見せてその時の様子を思い出してもらうなど，幼児がサンタクロースについて考えられるような状態にもっていく必要があります。

　このインタビューでは，幼児の反応によって質問の内容が違ってきますので，質問の流れを矢印で示しておくと，スムーズにインタビューを進めることができます。クリスマス会で見たサンタクロースを本物だと考えている場合には，「じゃあ，どうしてクリスマス会で見たサンタクロースは本物だってわかったの？」という質問をします。「あれは，偽物だよ」と答えたら，「じゃあ，どうしてクリスマス会で見たサンタクロースは偽物だとわかったの？」と聞きます。「だってさ，あれは誰々さんがやっているんだよ」と答えたら，「じゃあ，どこかに本物のサンタクロースはいると思う？　それともいないと思う？」と尋ね，さらに子どもの反応に応じて，「いる／いない」と考える根拠を聞きます。子どもの反応によって，質問のしかたが違う場合には，このように質問項目の順番を矢印で書いておくとよいでしょう。

　さらに各質問の下にスペースを設けて，そこに子どもの言語反応を書き込んでいくと，後でデータを整理したり処理したりする時に便利です。フェイス・シートと質問項目を1人1枚に納めて，しかも子どもの言語反応も書き込めるようにしたこのような形式は，大勢の子どもを対象にインタビューをする場合の参考例になるものと思います。

　以上に見てきたように，質問項目を作るためには，まず自分が何を明らかにしたいのかをはっきりさせ，そのためにはいくつぐらいの領域に分けて話を聞くのがよいのか，具体的にはどのような質問をしたら聞きたいことを語ってもらえるかを考える必要があります。

　なお，インタビュー・スケジュールを一通り作った時点で，少数の人に予備的なインタビューを行い，インタビュー・スケジュールにわかりにくいところがないか，項目の選定が適切かどうかをチェックします。自分ではよく考えて質問文を作ったつもりでも，実際にインタ

ビューをしてみると,「ご質問の意味がよくわかりません」とか,「もう一度,違う言い方で言ってみてください」などと言われることがあります。そこで,作成したインタビュー・スケジュールを使って少数の人に試しのインタビューをさせてもらい,質問文にわかりにくいところがないか,あるいは使っていることばが適切かどうか,聞いている人に自分が何を尋ねたいのかをわかってもらえるかどうかをチェックすることを薦めます。

その時に,「この質問はわかりにくいですよ」と言われたら,その部分を手直しして,インタビュー・スケジュールを改訂します。つまりインタビュー・スケジュールの作成には,予備的に取ったデータを一時的に設定したテーマ(課題)と照らし合わせて聞き取り項目を改訂する作業も含まれるのです。こうしたデータと暫定的な仮説とをすり合わせて,より適切な問いに再編していく過程は,観察データの収集過程と同様です。

(4) 対象者の選定とラポールの形成

インタビューを成功させるためには,インタビューを依頼しようとする人が研究目的に合致しているかどうかを検討し,適任者を選定する必要があります。一例をあげれば,留学生に親としての経験を聞きたいときに,子どもがいない留学生にインタビューを依頼しても期待するデータは取れないでしょう。さらにインタビュー対象者を選定する際に留意すべきことは,対象者としての条件に合っていれば誰でもよいわけではなく,聞き手と話し手との間にある程度の人間関係が成立していないと話し手に自分の経験を語ってもらうことは難しいということです。

というのも,自己について語るということは,自立的・独立的な行為ではなく,語り手と聞き手との間の社会的交換と調整的・支持的関係の産物であるからです(Gergen & Gergen, 1988)。私たちが自己について語るということは,相手が誰であっても同じようにペラペラ喋るというようなものではなくて,「この人にはこの範囲で話そう」とか「この人だったらここまで話しても構わない」というように,聞き手との関係性に応じて調整され生成されるものなのです。たまたま大学

の廊下で留学生を見かけたからといって，初対面の人に「インタビューさせてください」と言っても，その人が自分の家庭生活に関わる私的な事柄をすぐに話してくれるとは思えません。親としての経験を語ってもらえるためには，時には相談を受けたり親としての自分自身の経験を話したりして，留学生の方々と日頃から関係を作っておくことが大切です。

　筆者の場合，インタビューをするために用意周到に準備したというよりは，大学院生役割と親役割を同時に遂行する仲間としての付き合いが結果的にインタビューに協力してもらえる準備になったようです。つまり話し手に自分が聞きたいことを語ってもらうためには（質のよいインタビュー・データを取るためには），あらかじめ友好的な人間関係が形成されていることが欠かせないのです。

　聞き手と話し手との間の友好的な人間関係は，「ラポール（rapport）」と呼ばれています。エスノグラフィーの手法によるデータ収集では，調査者と研究協力者との間にラポールが形成されていることが特に望まれます。ラポールを形成することは，インタビュー依頼の契機になるだけでなく，「自由な情報の流れのための信頼の基礎」（箕浦，1999，p.46）ともなるからです。

　ラポールは時間の経過とともに，① 懸念（不確かな感情と共に接触が始まり，相手に受容されるか否かを心配する段階），② 探り合い（インタビューの目的を共有し，相互理解と協力関係を育もうとする段階），③ 協力（相互信頼に基づく協力関係が樹立され，データ収集が進む段階），④ 参加（研究協力者が調査者の助手役となり，自分の文化の分析を自らのことばで試みる段階）という4つの段階をたどって変化すると言われています（箕浦，1999）。ただし，最後の段階にまで到達する例は，きわめて少ないようです。

　インタビューを依頼しようとする人が子どもであっても成人であっても，電話や訪問を重ねて親しくなっておくことが大切です。特に子どもの場合，インタビュー実施前に一緒に遊んで顔見知りになっておくことが望まれます。とりわけ幼児の場合には，初対面の見知らぬ大人にいろいろと聞かれてびっくりしてしまい，中には泣き出してしまう子もいてうまく聞き取ることができないこともあります。そこで，

子どもにインタビューをする場合には，インタビューの前に1回か2回，園や家庭を訪問して一緒に遊んだり保育者や親と話をする様子を見てもらったりしておくと，子どもは「いつも来ているお姉さんだな」と思い，それほど緊張感や抵抗感を持たずにインタビューに応じてくれるようです。

(5) インタビューの場所

インタビューをする場所は，対象者に時間的・経済的な負担をかけずに，対象者が落ち着いて話せるような場所を選ぶことが大切です。筆者は，子どもを保育園に通わせている留学生家族の方にインタビューをしたときは，相手の都合のよい場所と時間を尋ねた上で，その方が通う大学や大学の近くの喫茶店に筆者が出かけていき，インタビューをしました。話を聞くだけでも1時間，時には2時間も時間を割いてもらったので，相手に移動の負担をかけないで，しかも静かに話を聞けるところを選びました。インタビューでは，相手のことばの一言一言や言い淀みや間など，言語的反応以外のデータも重要になりますので，音楽がガンガン鳴っていて相手のことばを正確に聞き取れないような場所はインタビューには適さないと言えます。保育園児や幼稚園児を対象にする場合には，子どもにとって負担が少ない園内がよいかもしれません。

なお，インタビューをするに際しては，対象者に事前説明を行い，対象者の人権やプライバシーを尊重することが欠かせません。フェイス・シートの項目も含めて，対象者には答えない権利もあるということを説明し，相手の了解を得ながら聞ける範囲で聞かせてもらうという姿勢で臨むことが大切です。

(6) インタビュー・データの記録

インタビューを実施するときには，録音をする／しないにかからず，インタビュー・メモを取ることを薦めます。インタビュー・メモには特に決まった形式があるわけではありませんが，「インタビュー・スケジュール」を利用するのは1つのやり方です。筆者は，インタビュー・スケジュールの各質問項目の間に数行のスペースを入れて印刷し

直したものをインタビュー・メモとして使いました。これを対象者ごとに1部ずつ用意し，相手が語ってくれた内容をその場で走り書きしましたが，これは1人の人の口頭データを質問項目と対応させながら記録する上でも，複数の人の口頭データを混乱せずに記録する上でも便利でした。

　インタビューの場合にも，たとえ録音が許可されたとしても，インタビューの印象や重要な点をすぐに記録することを薦めたいと思います。インタビューのときに受けた相手の印象やインタビューの最中の様子など，録音には残らないデータも話し手を知る上で貴重な情報となるからです。もちろん録音が許可されなかった場合は，インタビューの直後に話し手の語り口をそこなわないような形（会話体）でインタビューデータを記録することが欠かせません。話し手の語り口や語りの内容がいきいきと耳に残っているうちに文字化しておかないと，後でデータとして使うことができないからです。これは観察直後にフィールドメモをフィールドノーツに書き直す作業とまったく同じです。

　文字化された口頭データは，一般に「逐語録（トランスクリプト）」と呼ばれています。インタビュー・データの記録には，インタビューの内容だけでなく，聞き手とのラポールが形成されるに至った経緯やインタビュー日時と場所，インタビュー時の様子などもそのつど書き留めると，後でインタビューが実施された文脈を理解する上で有益です。インタビューの目的によっては，話し手の言い淀みや沈黙なども重要なデータとなることがあるので，逐語録に書き込んでおくとよいでしょう。

　また，1つのフィールドで長期間にわたってフィールドワークをしていると，フォーマル・インタビューだけでなく，インフォーマル・インタビューをする機会も多々あります。こうしたインフォーマルな口頭データは，話し手が身構えずに自発的に語る語りであるため，データとしてはきわめて貴重なものです。こうしたデータを（電話での話や手紙のやりとりも含めて）書き留めて，話し手ごとに作ったインタビュー・ファイルにそのつど挟み込んでいくと，口頭データを蓄積していくことができます。

（7）インタビュー・データの分析

　文字化されたインタビュー・データをどのように分析するかは，研究目的や研究の理論的枠組との関係で決まります。一般的には，既存のカテゴリーを使ってデータをコード化するやり方と，データの中から析出された新しいカテゴリーを使ってコード化していく方法があります。ここで言うカテゴリーとは，「中核をなす特性や特徴を互いに共有する（出来事やプロセスなどの）事例をグループ化したもの」（ウィリッグ, 2003, p.47）を言い，コード化とは，データを分解・概念化したり，それらを相互に比較・関連づけたりするなどして，データを構造化していく作業（フリック, 2002, p.220）を言います。

① 既存のカテゴリーを使ったデータのコード化――内容分析法

　既存のカテゴリーを使ってデータをコード化するやり方は，古典的な手法の1つである内容分析法で用いられる手法で，多くの場合，既存のカテゴリーを借用あるいは微修正して作ったカテゴリーを使ってデータを分類していきます。

　コード化のプロセスでは，まず研究設問に対する答えを得るために適切なインタビュー（あるいはその一部）を選択し，そこから何をどのように解釈するのかという解釈の見通しを決めます。次に，その見通しに基づいて，データをコード化していきます。データのコード化においては，① データを短いことばで要約的に言い換えてみる「要約的内容分析」，② 逆に曖昧な発話内容をそれが語られた文脈から推察して明確化する「説明的内容分析」，③ データの中からパターンやタイプを抽出する「構造化内容分析」，の3つの技法が使用されています（フリック, 2002, pp.238-241）。

　保育園児を持つ留学生家族から得たインタビュー・データの一部は，発達心理学者のスーパーと文化人類学者のハークネス（Super & Harkness, 1986）によって提示された「育児行為」と「育児信念」というカテゴリーを使って分析を試みました（柴山, 1996）。「育児行為」とは，服の着せ方や排泄訓練などの具体的行為を言い，「育児信念」とは子どもや養育についての考えを言います。自文化にいるときは，育児行為と育児信念が一体化しているので，1つの育児行為をするたび

に自分の信念や心理を意識することはほとんどありませんが，異文化での育児では両者にズレが生じることがあります。そこで，「育児行為」と「育児信念」の関係に焦点を当てることによって，中国人・韓国人母親の経験をうまく分析できるのではないかと考えたのです。

分析の結果，（1）どの母親も子どもが通う保育園で薄着習慣に出会い，薄着を試していること，（2）薄着をしても風邪をひかない子どもを持つ親は，次第に厚着よりも薄着の方がよいと考えるようになるが，風邪を引きやすい子どもを持つ親は，薄着よりも厚着の方がよいと考え続けていること，がわかりました。つまり日本の保育園で薄着習慣に出会った母親たちには，（a）行為レベルでも信念レベルでも薄着習慣を取り込むことにより，育児行為と育児信念が調和的状態にあるタイプと，（b）行為レベルでは子どもに薄着をさせてはいても厚着の方がよいと考えているために，育児行為と育児信念が不一致の状態にあるタイプ，が見られました。これは，既存のカテゴリーを使ったインタビュー・データの分析例の1つです。

② データから析出されたカテゴリーによるコード化
──グラウンデッド・セオリー

データの中から析出された新しいカテゴリーを使ってコード化していく方法の代表例として，社会学者のグレイザーとストラウスら（グレイザー & ストラウス, 1967; Strauss & Corbin, 1990）によって開発された「グラウンデッド・セオリー（Grounded Theory）」をあげることができます。グラウンデッド・セオリーは，方法としてはデータに根ざしたカテゴリーの発見と統合の過程を言い，理論としては研究対象とする現象を理解するための理論的枠組を指します。具体的なコード化のプロセスとしては，個々の事例やデータにその内容や意味を端的に示す記述的ラベル（概念）をつけることから始め，徐々に記述的ラベルを意味のあるまとまりに統合できるような，より抽象度の高いカテゴリーを見つけていきます。

グレイザーらは，データに根ざして析出されるカテゴリーの特徴として，「分析的で感覚的にわかりやすいものであること」と「個別の特性を十分に表現しつつも抽象的なものであること」の2点をあげて

います（グレイザー＆ストラウス, 1967）。さらに生成されたカテゴリー間の類似性や差異に留意しながら「絶え間のない比較分析」を行います。

　グラウンデッド・セオリーの場合，データ分析はデータを収集し終えた後にまとめて行うのではなく，データ分析の初期段階に生成したカテゴリーと照らし合わせながら，自分の仮説を補強したり，あるいは逆に当てはまらないような事例を集めたりします。これは，「理論的サンプリング」と呼ばれています。こうしたデータ分析とデータ収集は，もはや新しいカテゴリーやすでに発見したカテゴリーに関する新しい事例が出てこなくなるまで，すなわち「理論的飽和」が達成されるまで続けます。

　グラウンデッド・セオリーは，今日，発達研究や教育実践研究におけるデータ分析法としても採用されつつあります。断乳をめぐる母親の内的経験を当事者の視点から分析した坂上裕子（2002）の研究や，病院内学級における教育活動を〈つなぎ〉機能に着目して分析した谷口明子（2004）の研究は，グラウンデッド・セオリーの分析過程を具体的に理解する上で参考になります。

③ 強みと弱み

　内容分析法もグラウンデッド・セオリーも，インタビュー・データをコード化することによって解釈するという点では同じです。解釈というデータ分析のしかたは，第11講で詳述するように，質的研究を特徴づける重要な研究プロセスに他なりません。同時に，いずれの分析法も強みと弱みを持っています。

　データ分析前にデータの外で作られた既存のカテゴリー（修正版も含めて）を導入する内容分析法は，膨大なデータを縮小する上で有効ですが，分析カテゴリーがデータを余すところなく十分に解釈しきれているかどうかが問題となります（ウィリッグ, 2003, p.63）。一方，グラウンデッド・セオリーは，社会的相互作用過程自体かそれに関わる問題をデータに密着したカテゴリーで詳細に説明する上で力を発揮しますが，相互作用過程を取り巻く制度や組織の分析には適さないと言われています（木下, 1999, pp.179-180）。

この2つの方法以外にも，インタビュー・データの分析法として，テクストの全体的性質により多くの注意を払う「シークエンス分析（会話分析，談話分析，ナラティブ分析など）」（フリック，2002, pp.245-263）や，論理的関連性を分析軸にしてデータを包括的にまとめていく「KJ法」（川喜田，1967; 1970）などがありますので，研究目的に応じて適切な分析法を選ぶことが大切です。（グラウンデッド・セオリーやKJ法は，インタビュー・データだけでなく，観察データの分析においても使用可能です。）

(8) インタビューの利点と弱点

インタビューの利点は，外からの観察だけではわからない個人の内面に接近できる点にあると思います。しかしながら，その反面，当人に意識されない事柄や暗黙裡に了解されている価値観などを取り出すことが難しいという弱点もあります。また，自分の心理や信念を明瞭に言語化できることを前提としているので，それが困難な対象者には不向きな手法と言えます。子ども研究の手法として考えると，言語で十分にコミュニケーションがとれない乳幼児や，聞き手と共有する言語を持たない子どもの場合には難しいと思われますが，聞き手の話の内容を理解して自分の経験や心的状態を言語化できる子どもの場合には，子どもなりの解釈や意味づけを知る上で，有効な手法になると思います。

2．インタビュー課題

構造化インタビューができる力をつけるためには，実際に自分でインタビュー・データを取り，それを特定の視点から分析する練習をすることが効果的です。構造化インタビューの課題の一例として，「大学生が自分の親あるいは親世代の人にインタビューをして，彼ら／彼女らの20年間ないしは30年間（30年以上でも可）の経験を聞く課題（『心理学マニュアル 面接法』に掲載されている課題）（後藤, 2000）を紹介します。この課題では，自分の親あるいは親と同年代の人にイン

インタビュー課題の例（後藤, 2000 を修正して引用）

■**インタビュー課題**
　大学生が自分の親あるいは親世代の人にインタビューをして、彼ら／彼女らの20年間ないしは30年間の経験を聞く。

1．インタビューの手順
　（1）インタビュー前の準備
　　　インタビュー対象者の略年表を作る。それを踏まえて、インタビューのテーマ・領域・具体的な聞き取り項目を考える。

（例）略年表

年齢	昭和	西暦		世の中の動き	インタビュー対象者の身辺の出来事
0	32	1957	10月	ソ連，人工衛星の打ち上げに成功	10月11日：両親と兄の中へ次男として誕生
			12月	日ソ通商条約調印	
			:		:

　（2）インタビューの依頼
　　　インタビューの目的・所要時間などを事前に伝え、研究協力者のプライバシーを尊重することを確認する。テープ録音の許可を得る。
　（3）インタビューの実施
　　　インタビュー対象者が落ち着いて話せる場所と時間を選んで、インタビューをする。
　　　インタビューをしながらメモを取り、インタビュー直後に逐語録を作成する。

2．インタビュー課題実施における留意事項
　（1）人間形成の過程をたどれるように、時間の流れに沿ってインタビューする。
　（2）その際に、インタビュー対象者自身の存在や成長にとって意味があったと思われる人物について尋ねる。どのような関わりがあったのか、どういう点で意味があったのかを尋ねるとよい。
　（3）幼少時からの転居・転校・進学など、大きな環境の変化があれば、それがいつ／どのくらいの期間起こり、また、その結果がどのように現在の自分に影響しているかを尋ねる。

3．レポートの書き方
　（1）表紙
　　　レポートタイトル・クラス名・学籍番号・名前を明記
　（2）インタビューの概要
　　　①インタビュー対象者（匿名かイニシャルを使用する。）
　　　②インタビューの日時
　　　③インタビュー場所および場の様子
　　　④その人をインタビュー対象者として選んだ理由など
　（3）インタビューについての報告
　　　①インタビュー対象者の略年表
　　　②インタビューの内容
　（4）インタビューアーとしての自分自身についての自己省察
　　　インタビューをしているときの自分の心理や行動についての報告，実際
　　にインタビューをした感想など
　（5）資料
　　　「聞き取り項目」を添付する。
　（6）レポート枚数
　　　Ｂ5版あるいはＡ4版で5枚程度
　（7）レポート提出日
　　　授業中に指示した日に提出する。

タビューをさせてもらうことによって，構造化インタビューの練習をすることと人生の先輩の生き方を参考にすることがねらいとされています。

　インタビューの手順とレポートの書き方は，前ページとこのページに示した通りです。まずインタビュー前の準備として，インタビューに必要な資料や材料を作成します。

　インタビュー対象者の大まかな生活史を把握するための方法として，略年表を作るのも一案です。自分の親や親世代の人たちのこれまでの経験を聞くためには，その人がどういう時代に生きてきたかを知ることが欠かせないからです。たとえば，戦後の復興期に育った人と高度経済成長期に育った人とでは，子ども時代の経験がかなり違うかもし

れません。自分の親が生まれた年や小学校入学の年，結婚した年などを当時の時代的状況の中に位置づけてみると，どういう時代に子ども期を過ごし，どういう時期に親になったのかをイメージすることができ，インタビューのテーマを考える助けになるでしょう。

　次に，インタビューのテーマとその領域を決め，それに基づいて具体的な聞き取り項目を作ります。「私の母はずっと仕事を続けながら私たちを育ててきたけれど，どんな思いを持っていたのかを聞いてみたい」とか，「父は今の職業をどのようにして選んだのかを聞いてみたい」という希望があるとすれば，「仕事と育児の同時遂行」「職業選択」をインタビューのテーマにすることもできるでしょう。そして，テーマを決めたら，どこに焦点を当て，どのように聞けばよいのかを考えるとよいでしょう。

　今回のインタビュー課題の目的は，構造化インタビューの一連の流れを実体験することにありますが，聞き取り項目以外の事柄については聞いてはいけないということではありません。実際にインタビューをしていくと，自分では予想しないような反応があったり，あるいはインタビューの中でぜひ聞いてみたいと思うことが出てきたりします。これについては，臨機応変に対応して構いません。

　なお，インタビューに際して十分な倫理的配慮をすることは，話し手が自分の親であっても例外ではありません。特に「話したくない事柄については答えなくてもよいこと」を伝え，録音をする場合には必ず事前に許可を取ってください。

　インタビュー・データの分析においては，自分が設定したテーマにかみ合うような形で小見出し（カテゴリー）を作り，データを分析するとよいでしょう。分析結果の記述においては，インタビュー対象者の語りと自分の分析結果や解釈を混同しないように書くことが大切です。話し手が語ったことばを「　」で引用するなどして，自分の解釈と区別して書いてください。（インタビュー・データの逐語録の提出は自由とします。）

この講のまとめ

　良質のインタビュー・データを得るためには，インタビューに先立って「インタビュー・スケジュール」を作成する必要があります。「インタビュー・スケジュール」は，研究協力者についての基本情報を記入する「フェイス・シート」と尋ねたい事柄を尋ねる順番に会話体で書いた「聞き取り項目」から構成されます。インタビュー・データの分析法としては，インタビュー・データを既存のカテゴリーを使ってコード化していく方法とインタビュー・データから析出された新しいカテゴリーを使ってコード化していく方法があります。

発展学習のための文献ガイド

- 鈴木淳子，2005『調査的面接の技法』第2版，ナカニシヤ出版.
   調査面接法の手順と技法について解説した入門書。インタビュー・スケジュール作成の技法から対象者とのラポール形成の技法や調査面接におけるガイドラインまで，詳細に解説されています。
- グレイザー＆ストラウス（後藤隆・大出春江・水野節夫訳），1996『データ対話型理論の発見：調査からいかに理論をうみだすか』新曜社.
   グラウンデッド・セオリー研究のプロセスとモデルについて解説した古典的著作で，データから理論に移行するための方法論が提起されています。ウィリッグによるグラウンデッド・セオリーの概説（『心理学のための質的研究法入門』の3章／培風館）を読んでから本書を読むと，より理解しやすいものと思います。
   本書の出版後，グラウンデッド・セオリーに対する見解の相違から，グレイザーとストラウスは別の路線をたどっています。この経緯については，木下の著書（木下康仁，1999『グラウンデッド・セオリー・アプローチ』弘文堂.）に詳しく解説されています。

第11講

量的研究と
質的研究

◆講義内容
1. 量的研究と質的研究
2. 質的研究と質的データとの関係
3. 質的研究を支える足場としての解釈的アプローチ

フィールドワークをしていたタイ・バンコク市の国際学校。同校小学部では，週に1回，「タイ語・タイ文化」の授業が実施されていた。

1. 量的研究と質的研究

　今回の講義では，量的研究と質的研究について解説します。これまで子どもエスノグラフィーの主要なデータ収集法としての参与観察とインタビューについて，従来の心理学研究における観察法・面接法と関係づけながら解説してきました。実は，子ども研究の方法論というのは，単にデータを集めるための技法ではなく，実はその背後に子どもをどう見るか，人間をどう見るかについての理論的な前提を含んでいるのです。

　心理学の手法を使って子ども研究をする場合には，必ず何らかのデータを取って，そのデータに基づいて分析し考察することが欠かせません。このデータには，数字を使って点数・頻度・回数などで表すことができる量的データと，人びとの言動や状況を言語で記述する質的データの2種類があることはすでに述べました。この2つのデータの区別と関連して理解しておく必要があるのは，心理学研究には「量的研究」と「質的研究」の2種類があるということと，質的データを使えばそれだけで質的研究になるわけではないということです。

　まず，量的研究と質的研究のそれぞれの特徴を確認しましょう。量的研究では，実験法・質問紙法・組織的観察法（主に時間見本法や事象見本法など，量的データを取りやすい観察法）によって，研究対象とする事象を数量として把握します。たとえば知能検査の得点や性格検査における外向性／内向性の得点などのように，子どもの言動を数量として把握し，それを統計的に処理してあらかじめ設定した仮説を検証する，あるいはそこにどういう法則があるかを見つけることがめざされます。手短に言えば，量的研究とは，自然科学に準じて量的データを統計的に分析し，仮説の正しさや一般性，あるいは理論の普遍性を検証する研究を言い，仮説検証型研究（第3講参照）に相当することが多いと言われています（下山, 2003）。

　これに対して質的研究とは，日常的観察法（逸話記録法や日誌法など質的データを取りやすい観察法）・面接法やエスノグラフィーの手法などによって，研究対象とする人びとの言動や状況を言語記録とし

て記述し,データの分析と解釈を通して仮説やモデルを生成していくタイプの研究を言います。質的研究では,人間の行動はその人が生活している日常的な文脈の中で生成されたり意味づけられたりすると考えますので,データを数量として抽象化せずに,できるだけ具体的に現実の事象を記述する必要があるのです(下山,2003)。質的研究は,仮説生成型研究(第3講参照)に相当することが多いと言われています。

量的研究と質的研究における決定的な違いの1つは,誰の視点からフィールドの人びとの言動の意味を捉えるのかということだと思います。量的研究では行為の回数にせよ持続時間にせよ,観察者が外からフィールドの人びとの言動を測定するという姿勢で研究します。それに対して,質的研究では,その当事者がいったい何を考えてそういう行為をしたのか,ある出来事をどのように受け止めているのかというように,行為者の視点に立ってその人の言動の意味を理解していきます。"行為者の視点から理解する"という姿勢でデータを分析していくのが,質的研究の大きな特徴だと言えるでしょう。

心理学者のカーラ・ウィリッグ(Willig, C.)によれば,質的研究は「人びとに生きられた経験や人びとが定義する意味を探求する研究」と定義されています(ウィリッグ,2003)。すなわち,質的研究とは,当事者から見た経験の意味や経験の基本構造を読み解くことをめざす研究と言うことができます。幼稚園や保育園で同じことを経験しても,子どもによって捉え方や感じ方が違うのはよくあることです。つまり質的研究では,伝統的な心理学研究に見られたように,多数の子どもについて量的データを集め,平均値を求めることで特定の子ども集団の傾向を知ることをめざすのではなく,一人ひとりの子どもの経験をきめ細かく把握することで,成長過程に見られる固有性と多様性を理解することをめざすのです。

2. 質的研究と質的データとの関係

質的研究では質的データが使用されますが,一番混同されやすいのは,「質的データを使用した研究=質的研究」と見なされがちな点で

す。しかし，実は，質的データを使った研究のすべてが，必ずしも質的研究とは言えないのです。以下では，具体的な例を示しながら，このことを考えてみましょう。

> 〈観察データ1〉
> 1995年12月6日（大海：2歳10ヵ月）
> 幼児教育学を専攻する中国人留学生（R）と2人で参与観察を行った。チャンスを見て，大海に保育園での経験や現在の心理状態を尋ねることを，事前にRに依頼しておいた。Rは2歳児室に入り大海に「ニーハオ」と挨拶をしたところ，大海はRの顔を見ただけで返事をしなかった。その後は，Rが大海に近づくとRを避けるようにRから離れ，Rの顔を見ようとしなかった。他の2歳児は時々中国語で大海に話しかけるRに対して，特別な反応を示さない。参与観察終了時にRが「再見」と挨拶をすると，大海は照れくさそうに手を振った。大海は一度も中国語を表出することはなかった。
> （出典: 柴山, 2001 のp.144）

　この観察データは，中国語話者であるRさんに対する大海君の反応を記述した質的データです。大海君は，1995年10月に日本語をまったく理解しない状態で，B保育園2歳児クラスに入園した中国人男児です。入園時点で，大海君は年齢相当の中国語を話せたことは，保育者を通して母親から聞いていました。
　このデータをどのように分析するかを考えたとき，少なくとも次の2つの可能性があると思います。1つは，「大海君による中国語の表出量」という視点から分析することが考えられます。大海君が使用する中国語の名詞と動詞の種類とそれらの使用頻度を調べるというように，あらかじめ分析の視点を決めておき，その視点からデータを分析していくやり方です。〈観察データ1〉に示したように，大海君は保育園でいっさい中国語を話さなかったわけですから，表出した名詞数も動詞数もゼロという分析結果になります。この結果に対して，何も話さないということは日本の保育園に来て中国語を忘れてしまったからではないかと考察することも可能です。以上を［分析1］と呼びます。

もう1つの分析として，大海君にとってB保育園で中国語を話すことはどういうことかという視点から分析することが考えられます。大海君がRさんから中国語で話しかけられてもいっさい話さなかったという行動を見る場合，もしかしたら話さないこと自体が，とても重要な意味を持っている可能性があります。中国語を話す／話さないという行為を大海君の視点から考える際に，翌月に記録した〈観察データ2〉は，大海君の心理を理解する上で有益です。

〈観察データ2〉
　1996年1月31日（大海：3歳0ヵ月）
　この日も中国人留学生（R）と2人で参与観察を行った。Rが中国語で大海に話しかけるというやり方を修正し，Rには大海に限定せずに日本語で他の2歳児と接してくれるように頼んだ。参与観察の間，大海は時々Rを見るだけで，避けることはなかった。参与観察終了時，Rが迎えに来た大海の母親と中国語（北京語）で会話をすると，大海は黙って2人の会話を聞いていた。会話の途中でRが大海に中国語で「中国語わかる？」と質問すると，大海は中国語で「わかる」と答えた。多くの2歳児は隣室におり，この場にいたのは，大海・大海の母親・R・担任1人・筆者の5人であった。
（出典: 柴山, 2001のp.144）

　〈観察データ2〉から，大海君は〈観察データ1〉が記録された時点で，中国語を理解していたこと，そして，理解していたにもかかわらずRさんと中国語で会話をしなかったことがわかります。Rさんを避けるようにして何も中国語を話さなかったという大海君の行為を，もう一度，その時の状況と関係づけて解釈してみると，大海君が中国語を話さなかったのは，母語である中国語を忘れてしまったからではなく，みんなのいる前で中国語を話したくなかったのではないかと解釈することができるでしょう。大海君の立場から言えば，あえて何も話さないというやり方をとることで，つまり「無言で対峙すること」で，中国語会話が生成される状況を回避していたのかもしれません。以上を［分析2］と呼びます。
　大海君の他にも年齢相応の母語を話せる中国人・韓国人園児を観察

してきましたが，幼児は話す技能さえ持っていればいつでもどこでも話すというわけではなく，2歳の子どもでも，状況をよく見きわめて，自分が話したいと思わない限りは決して話そうとしないことがわかりました（柴山，2001）。

　以上，具体例を示しながら，同じ質的データを使っても，どういう視点から分析するかによって別の結論に辿り着くことがわかったと思います。［分析1］は，あらかじめ観察者が何をチェックするかを決めておき，言わば大海君の外側で作られた基準に従って大海君の言動を分析したものです。これに対して［分析2］は，大海君にとって中国語を話すこと，あるいはあえて話さないことは一体どういうことなのかを，当事者の視点から解釈しています。つまり質的な研究をするということは，単に質的なデータを使うということではなく，分析をするときにその行為者の視点から行為の意味を読み解く研究を志向するということです。

　要するに，質的研究では，「データの分析と解釈」の段階において，行為者の視点から質的データを分析し解釈するプロセスが含まれている必要があるのです。そして，行為者の視点から行為の意味を読み解くためには，行為者の言動の結果の記録ではなく，行為者の行為や発話の生成過程を状況ごと記したプロセスデータが必要になるのです。

3．質的研究を支える足場としての解釈的アプローチ

　こう考えると，［分析1］と［分析2］では，大海君を見る眼差しにかなりの違いがあります。量的研究と質的研究の違いは，単に扱うデータの種類の違いやデータ分析の視角の違いにとどまらず，その分析の視角の背後にある人間観（人間をどのような存在と見なすか）自体が異なっているのです。別の言い方をすれば，［分析1］を行うときに立っている足場と，［分析2］を行うときに立っている足場が，そもそも違うのです。ここで言う足場とは，研究者・観察者が依拠する認識論的立場を譬えて言っています。

(1) 社会科学の代表的な認識論的立場

　子ども研究をするためには，子どもという存在や子どもに関わるさまざまな営みをどのようなものとして見るか（足場）と，実際にどのような手法を使ってデータを集めるか（道具）を決める必要があります。データ収集法というのは1つの技法ですから，データを集めるための道具と言えるでしょう。大事なことは，どの足場に立脚するかによって，何を道具に使うかも違ってくることです。つまり，自分の好きな立場と好きな道具を自由に組み合わせるのではなく，子どもを含む人間や人間発達を見る自分の認識論的立場と研究の問いを決め，その問いを解くために必要なデータが集められるような手法を選ぶことになります（図11-1参照）。

認識論的立場（足場）　　＋　　データ収集法（道具）

（例）　　　　　　　　　　　（例）
論理実証主義　　　　　　　実験法／質問紙法
解釈的アプローチ　　　　　観察法／面接法
批判的アプローチ　など　　エスノグラフィー／インタビュー　など

図11-1　子ども研究における方法論

　社会学者のハーゲドーンとラボヴィッツは，社会科学における代表的な認識論的立場を，「論理実証主義（positivism）」「解釈的アプローチ（interpretive approaches）」「批判的アプローチ（critical approaches）」の3つに整理しています（Hagedorn & Labovits, 1973）。伝統的な心理学研究は，学問創設時より「論理実証主義」の立場に依拠してきました。一方，質的な心理学研究が依拠し得る立場としては複数のものが考えられますが，ここでは「解釈的アプローチ」を取り上げたいと思います。

　以下では，「社会現象の捉え方」「研究の目標」「研究対象者との関係」の3点に注目して，「論理実証主義」と「解釈的アプローチ」の違いを見ていきましょう（柴山, 2001）。

(2) 社会現象の捉え方の違い

　まず「社会現象の捉え方」については，論理実証主義の基盤となった社会学者のエミール・デュルケム（Durkheim, E.）は，「社会的事実，すなわち社会集団を特徴づけている行動・思考・感覚の諸様式は，個々人の心意やその総和には還元できない一種独特の実在である」と考えていました（デュルケム, 1978）。社会的事実には，法規則・道徳・言語などの制度だけでなく，集合的な感情（熱狂・憤激など）や世論などの社会的潮流も含まれます。デュルケムは，これらの社会的事実は「個人にとって外在的である」と同時に「個人を拘束する」という2つの特質によって客観的に認識できると考えたのです。さらに特定の社会的事実の成立・変化過程は，別の社会的事実に基づいて解明されるべきだとも考え，ある社会における自殺への傾向を自殺率という統計を用いて分析してみせたのです（中島, 2001）。したがって，論理実証主義の立場に依拠してきた従来の心理学研究では，集団特有の行動・思考・感覚のパターンを個人に外在する事物として客観的に観察し，できるだけ精度の高い物差し（尺度）で厳密に測定することが重視されてきました。

　一方，解釈的アプローチの源流とされる社会学者のマックス・ウェーバー（Weber, M.）は，人々の行動はその人の主観的な考えや動機に基づいて生起するという前提に立って，「人々の行動を理解するためには人々が自分の行動に込めている意味を理解しなければならない」と主張しました（ウェーバー, 1987）。ですから，"行為者の意味の理解"という研究姿勢を受け継ぐ解釈的アプローチでは，人々の社会的実践を含む社会現象やそこに畳み込まれた意味は，行為者が解釈することによって常に生成・変化するものであると考えます。したがって，解釈的アプローチの立場から心理学研究をする場合は，社会現象は誰が見ても同じものではなく，解釈する人によって違ったものとして構成されると考えるので，それぞれの行為者が現象をどう捉えて解釈しているかという，個人の解釈過程を詳しく見ることになります（バーガー & ケルナー, 1987）。

　さきほど行った2つの分析を，もう一度見ましょう。[分析1] は，対象児の行動をその時の対象児の心情から切り離して捉え，観察者が

あらかじめ決めた観察項目に従って対象児の状態を調べていますから，論理実証主義寄りの立場に立った分析と言えるかもしれません。これに対して，［分析2］は，保育園の中でまったく発話をしないということは端から見てどうかということではなく，対象児がそれをどのように経験しているのか，どのように解釈しているのかを理解しようとしている点で，解釈的アプローチの立場に立った分析ということができます。

（3）研究の目標と，研究対象者との関係の違い

次に「研究の目標」については，論理実証主義では，人間の行動は規則に支配されているので，その規則を取り出せばそれは誰にでも当てはまる一般的な規則として定立できると考えます（藤田, 1992）。これに対して，解釈的アプローチは，人びとは生きている環境や状況と非常に密接に関わっているので，特定の状況に見られる行為の規則性を見つけようとします。解釈的アプローチでは，社会や文化を超えて普遍的に当てはまる行動規則はないと考えられています。

「研究対象者との関係」については，論理実証主義の立場に立つ伝統的な心理学では，研究対象者を被験者と呼んできました。被験者になった子どもに求められてきたのは，他のことをやらずに実験者に言われた課題だけを受身的にやることでした。こうした子どもの取り扱い方の背後には，「子どもは実験者の言う通りにする受動的な存在，指示に従う存在」というような子ども観があったと言えるかもしれません。当然，観察者もできるだけ客観的な立場をとって，感情を入れずに淡々とデータを取ることが要請されました（ガーゲン, 1998）。これが「客観的」なデータ収集だと考えられてきたのです。

これに対して，解釈的アプローチでは，同じ経験をしても，子どもによって捉え方や解釈のしかたが違っていると考えます。つまり，「子どもも大人と同様に，一人ひとり自分なりの解釈をいつも生み出しながら生きている存在」であると見なします。ですから，解釈的アプローチの立場から子ども研究をする場合には，ある出来事を子どもがどのように経験しているのか，ある事柄を子ども自身がどのように受け止めて解釈しているのかがわかるようなプロセス・データが，ど

うしても必要になるのです。また，質的研究では，観察者は自らの存在が子どもに及ぼす影響を自覚しつつ，子どもと同じ場に居合わせて，子どもの発話や行為の意味を直接的・共感的に把握しようとします。

つまり論理実証主義に依拠した子ども研究では，「ある物差しを持って客観的に子どもを調べよう」というスタンスで子どもに向かうとすれば，解釈的アプローチの立場に立つ子ども研究では，「子どもを深く理解しよう」というスタンスで子どもに向き合うことになります（箕浦, 1999）。

（4）質的な志向性

子ども研究においても，自分はどのような立場に立って人間や社会現象を見るのかという認識論的な立場があって，それに基づいて何を明らかにしようとするのか，それを明らかにするためにはどのようなデータが必要なのか，そのデータを得るためにはどの手法が適切なのかが導き出されます。子どもの発達過程を質的に理解しようとする場合には，研究のすべての過程が「質的な志向性」に貫かれている必要があるのです。本書で紹介する子どもエスノグラフィーは，「解釈的アプローチ」を認識論的立場とし，「エスノグラフィーの手法」をデータ収集法とする，子どもの発達過程を質的に解明するための研究方法論と言うことができます。

教育学者のシャラン・B・メリアム（Merriam, S. B.）は，教育における質的研究の本質的特徴として，① 理解と意味を引き出すことが目標，② 調査者自身がデータ収集と分析の主たる道具，③ フィールドワークの活用，④ 機能的方向性をもった分析，⑤ 調査結果は十分に記述的，の5点をあげています（メリアム, 2004, p.16）。子どもエスノグラフィーは，これらの特徴をすべて持っていると言えます。

質的研究の認識論的立場には，解釈的アプローチの他に，社会構築主義や批判的アプローチなどがあります。また，質的データの収集法には，エスノグラフィーの手法（参与観察とエスノグラフィック・インタビュー）の他に，さまざまなタイプのインタビュー法（ライフストーリー・インタビューやグループ・インタビューなど）やグラウンデッド・セオリー，ケース・スタディなどがあります。その中でも特

にエスノグラフィーの手法は，研究対象とする個人や集団の社会文化的分析——人びとに共有された信念・実践・人造物・民衆の知恵・行動の再構成——に比重を置く点に特徴があると言われています（LeCompte & Preissle, 1993）。

この講のまとめ

　心理学研究には，量的データを統計的に分析してあらかじめ設定した仮説を検証していくタイプの研究（量的研究）と，質的データの分析と解釈を通して新しい仮説やモデルを生成していくタイプの研究（質的研究）の2種類があります。両者の違いは，扱うデータの種類やデータ分析の視角の違いだけでなく，研究の足場とも言える認識論的な立場の違いも含んでいます。従来の心理学研究の多くが「論理実証主義」を足場にした量的研究であったとすれば，本書で紹介する子どもエスノグラフィーは，「解釈的アプローチ」を足場にした質的研究であると言えます。

発展学習のための文献ガイド

- 南風原朝和・市川伸一・下山晴彦編，2003『心理学研究法』日本放送大学出版協会．
　質的研究法と量的研究法をほぼ同じ比重で取り上げている心理学研究法についての入門書。特に第3章では，2つの研究法の特徴が対比的に整理されており，質的研究法が量的研究法とは異なる独自の方法論と手続きを持った研究法であることが述べられています。
- 無藤隆・やまだようこ・南博文・麻生武・サトウタツヤ，2004『ワードマップ　質的心理学』新曜社．
　研究の構想段階からデータ収集と分析，さらには論文執筆まで，初学者に質的研究の要点を伝えるために編まれた手引書。「質的研究とは何か」を論じた第1章は，質的研究の本質を理解する上で有益です。
- 箕浦康子（編），1999『フィールドワークの技法と実際』ミネルヴァ書房．
　すでに紹介した心理学的エスノグラフィーの入門書。論理実証主義に

依拠した心理学研究と解釈的アプローチに依拠した心理学研究の違いを理解し,フィールドワークを支える認識論的背景について考える上で,第1章は必読です。

第12講

研究者倫理

◆講義内容
1. 研究者倫理の3原則
2. 子どもエスノグラフィーにおける留意点

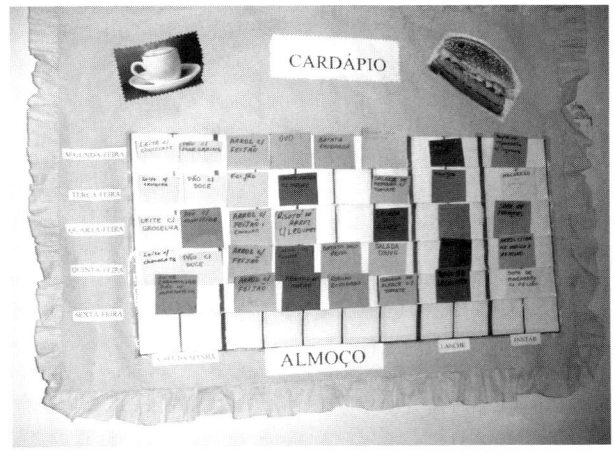

海外調査で訪れたブラジル・ロンドリーナ市の公立保育園の調理室に貼られていた献立表。保育時間は午前7時から午後7時までで，三度の食事とおやつが提供されていた。

1. 研究者倫理の3原則

　今回は，フィールドワークの中で直面する倫理上の問題を取り上げます。「研究者倫理」ということばを初めて聞く人がいるかもしれませんが，研究者倫理とは，「守らなければ罰せられる法律のようなものではなく，人間の幸福と発達に寄与する学問をめざそうとする研究者の基本的な姿勢」（古澤・斉藤・都筑, 2000a, p.250）と定義されています。つまり，子どもや人間を対象に研究を進めていく上で気をつけなければならない倫理上の事柄をまとめたものを，「研究者倫理」と呼んでいます。

　研究者倫理は，心理学に限らず，人間を対象とするすべての学問分野に必要なものです。近年では，エスノグラフィーの手法を使う人類学・社会学・心理学などに限らず，工学・医学などの学問分野でも，倫理が重要な議論となっています（たとえば，柴山知也, 2001など）。心理学の研究手法には，エスノグラフィーの手法以外にも，伝統的な手法である実験法・検査法・質問紙法・観察法・面接法などの手法がありますが，いずれも現実を生きる人びとや人びとの営みを研究対象とする点では同じです。

（1）研究における上下関係

　従来，心理学では研究の対象になってもらう人（実験課題や検査をしてもらう人など）を「被験者」と呼んできました。英語では"subject"と言います。この"subject"ということばは，何かをする「主体」という意味で使われることが多いのですが，実は「従属する検体」という意味合いが含まれたことばでもあるのです（古澤他, 2000a）。つまり研究対象者を「被験者」として見る眼差しには，"主体でありながらも研究者の命令に従って動いてくれる人"というニュアンスがなかったわけではないのです。特定の実験課題をしてもらうときに，「指示通りにこれをやってください」と言って実験者が指示を出せば，指示通りに従順にやってくれる人という意味合いが，「被験者」ということばに込められていたのです。

そこにはどういう暗黙の了解があったかというと，調査者（観察者や実験者）が上にいて，協力をしてくれる被験者は研究者よりも下の立場にいて，調査者の指示に従うだけの受動的な立場の人というような，力の上下関係がありました。もちろん，フィールドの人びとや実験に来てくれた人に面と向かってこのように言うことはしませんが，暗黙のうちにそういった意識を持って調査者が研究対象者に接してきたことは否定できないでしょう。こうした調査者の尊大な態度は，知らず知らずのうちに対象者の人権や生活を十分に尊重することよりも，データ収集の都合を優先させる態度へとつながっていったものと思います。

（2）日本の学会における倫理ガイドラインの作成

　研究における倫理上の問題にいち早く気づき，日本の学会として初めてガイドラインを作ったのは，日本民族学会でした（箕浦, 1999）。1992年には，「日本民族学会研究倫理委員会（第2期）報告」で，① 調査者と被調査者の関係，② 調査研究とプライバシー，③ 研究成果の還元はどこまで可能か，④ 著作権・肖像権の問題，⑤ 借用資料の問題，研究費の出所の問題，⑥ 現地への謝礼について，⑦ 語彙の使用法の問題（差別語・記述言語をめぐって）の7領域にわたって，初めて倫理基準が提示されました。

　日本の諸学会でも研究者が守るべき倫理上の問題が議論されるようになり，学会としての倫理綱領が作成され始めました。心理学関係の学会では，アメリカ心理学会・北米発達心理学会・アメリカ教育学会などの関連学会の倫理綱領を参考にしつつ，日本の文化的慣習に合う形で倫理綱領が作成されています（秋田, 2001）。日本発達心理学会が2000年に発行した『心理学・倫理ガイドブック』（古澤・斉藤・都筑, 2000b）は，その代表的なものです。この他にも日本心理学会・日本教育心理学会・日本心理臨床学会・日本行動分析学会などでも，各学会の特色やニーズを反映した倫理綱領が作成されています。ここでは，日本発達心理学会が作成した倫理綱領を取り上げて，具体的に解説します。

　日本発達心理学会では，長い間，研究協力者の人権や権利を尊重す

る態度が欠落しがちであったことへの反省から，今日では研究手法によっては「被験者（subject）」に替わって「研究協力者（participant）」ということばが使用されるようになりました。こうした変化の背後にあるのは，「心理学研究には研究者と協力者の両者が必要不可欠な構成要素で，協力者も対等な一人の人格をそなえた主体である」という認識が研究者の側に生まれ始めたことです（古澤他，2000a）。発達研究や子ども研究は，研究に協力してくれるフィールドの人びとや関係者の理解と協力があって初めてできるものであり，フィールドの人びとの生活や人権を尊重しながら研究を進めていく必要があることが，共通に認識されるようになりました。

（3）心理学研究における研究者の倫理

　心理学研究における「研究者倫理」として提示されているのは，① 協力者を尊重すること，② 守秘義務を履行すること，③ 協力者への還元に配慮すること，の3原則です（古澤他，2000a）（表12-1参照）。

表12-1　心理学における研究者倫理の3原則（古澤他，2000a）

① 協力者を尊重すること
② 守秘義務を履行すること
③ 協力者への還元に配慮すること

　第1の原則である「協力者を尊重すること」とは，協力者に対して，研究の意義と内容についてあらかじめ理解と了解を得ることを言います。協力者の理解を得る際に注意すべき点は，研究について説明を受けた協力者には，調査への協力に「同意する権利」だけでなく，調査のうちの一部だけに協力する「選択する権利」や調査への協力を断る「拒否する権利」も持っているということです。たとえば，保育園児の親がインタビューへの協力を承諾してくれた場合でも，インタビューの前に「答えたくない質問がありましたら，お答えにならなくてけっこうですので，そうおっしゃってください」と言い，選択する権利を明確にしておくことが大切です。

　第2の原則である「守秘義務を履行すること」とは，研究協力者の

プライバシーを守ることです。心理学研究の場合，人びとの心的変化過程や意味づけ過程を知るためには，協力者の私的生活の細かい部分を観察したり尋ねたりせざるを得ないことがあります。調査の過程で協力者のきわめて私的な事柄を知った場合には，調査者はそれを決して口外してはいけない義務があります。また，研究には直接関係がない私的な事柄については，必要もないのに入手しないことも守るべき義務です。研究の成果を何らかの形で公開するような場合，協力者の実名ではなく仮名を使用することは，協力者のプライバシーを保護する手立ての1つです。

第3の原則である「協力者への還元に配慮すること」とは，研究成果を協力者に必ずフィードバックするだけでなく，協力者が複数いる場合には，協力者に与えるすべてのこと（礼状や謝礼など）を平等にすることです。研究協力者との関係は，データさえ取ってしまえばおしまいというものではなく，協力してもらった事柄が最終的にどのような形でまとめられたのかを還元する必要があります。研究成果の公表のしかたには，論文やレポートなど文書の形をとるものと写真やビデオなど映像の形をとるものの2種類があります（古澤他，2000b）。

文書で公表する場合には，公表に先立って，成果の全部あるいは一部を協力者に読んでもらうとよいでしょう。筆者の場合，著書として公刊する前の初校の段階で，関係部分を保育者と園児の親に読んでもらい，公表の承諾を得た上で出版する手続きをとりました。映像資料についても，写真やビデオの静止画像を掲載する前に必ず関係機関や協力者の許可を得る必要があり，無断で掲載することは許されません。特に子どもの顔がよく分かるような写真を掲載する場合にはいっそう注意が必要で，幼稚園・保育園や保護者に対して，どのような目的で／どのような形で掲載するのかを十分に説明した上で，許可を得る必要があります。協力者が複数いる場合には，許可の取得においてもすべての人に同じようにすることが大切です。ある人からは掲載許可をもらったけれど，別の人からはもらわなかったというようなことがないよう，気をつける必要があります。

以上の3つの原則は，どのような手法で研究をする場合でも，子どもや人間を対象とする心理学研究では，必ず守らなければならない共

通事項です。ただし，研究手法によって具体的な留意点が異なることもありますので，研究に先立って，自分が使う手法ではどのような点に注意すべきかを確認する必要があります。

2．子どもエスノグラフィーにおける留意点

　子どもエスノグラフィーにおいても，フィールドワークの全過程において，研究者倫理に配慮する必要があることは言うまでもありません。ここでは，特に幼児を研究対象とする場合の留意点を，「フィールドに入るとき」，「フィールドにいるとき」，「フィールドワークが終わった後」の3つの段階に分けて確認しましょう。

（1）フィールドに入るとき
　地下鉄の中や公園などの公共の場で観察する場合には，一般に特に許可を取らなくても観察することができるでしょう。ただし，公園で遊ぶある親子の様子に注目して観察するような場合には，あらかじめ自分の身分を明らかにして許可を得た方がよいこともあります。一方，特定の保育園・幼稚園や児童福祉施設などに定期的に通って観察をするような場合には，園長や施設長の許可を得ずに無断で観察をすることはできませんので，必ず事前に許可を得る必要があります。観察の許可を得るためには，文書および電話で事前に必ず面談を申し入れ，「研究目的／フィールドワークのおよその期間と頻度／期待される成果」などを詳細に説明し，そこで理解が得られれば晴れてフィールドに入ることができるのです。

　また，フィールドの許可を誰からもらうかについては，一般的にはフィールドの責任者・関係者と研究対象とするフィールドの人びとと言えるでしょう。子どもを研究対象にする場合でも，子ども本人に対して子どもにわかる形で最低限の説明をすることが必要だと言われています。

　しかしながら，研究対象が幼児の場合には，幼児本人から許可を得ることは，実際にはなかなか難しい問題をはらんでいます。1つは，「こういう研究をしようと考えているので，○○ちゃんのことを見さ

せてね」とことばで説明したとしても，それを正確に理解してもらうのが難しいことです。もう1つの難しさは，「見させてね」と伝えることによって，幼児が過剰反応をすることがあることです。幼児の場合，「○○君のことを見させてね」と言ってビデオ撮影をし始めると，自分が見られていることを強く意識して，普段とは全然違う反応することがあります。わざとはしゃいでみせたりとか，あるいはわざとおもしろいことを言ってみせたりと，観察者が自分に注目していることを意識して普段はしないような言動をするのです。こうした過剰反応が頻繁に起きると，幼児の自然な営みを見ることが難しくなってしまいます。こうした影響を考えると，幼児本人に許可を取るべきか否かの判断は難しいところです。

　幼児を対象とした多くの研究では，監督責任がある保護者や現場の保育者・指導者，園や施設との間でインフォームドコンセントを行うことが求められています。筆者には，博士論文研究の一環として，2つの公立保育園で1年半ずつフィールドワークをした経験があります。園児本人からの許可の取得については，いろいろと考えた結果，なるべく日常生活の流れを壊さない形で外国人園児（2-3歳児）の言語的・行為的な変容過程を見ることができたらという希望と，幼児に負担をかけたくないという思いから，幼児の人権を尊重しつつも幼児自身に許可を求めることはせずに，保育園の園長と対象児がいるクラスの保育者，対象児の親の三者から理解と許可を得て，観察を開始しました。具体的には，まず保育園長と2歳児クラス・3歳児クラスの保育者に研究概要を説明した後に，「私は博士課程の学生です。幼児期の文化間移動と発達の問題を考えるためにお子さんを定期的に見させていただきたいのですが，ご許可いただけるでしょうか」と，保護者にも直接説明し，観察の許可を得ました。

　子ども本人からの許可の取得については，子どもの年齢やフィールドの特徴，研究設問にもよりますので，筆者の例が一般的というわけではありません。小学生であれば子どもがわかるような言い方で，「このことについてお話を聞かせてね」，「どんなふうに遊んでいるか見させてね」というように，あらかじめ説明した方がいい場合もあるかもしれません。自分のフィールドの状況や研究計画に応じて，個別

に判断する必要があるでしょう。

（2）フィールドにいるとき

　フィールドに入るときに研究者倫理に配慮しさえすれば，あとは許可をもらったのだから，フィールドに入って自分が取りたいようにデータを取っていいかというと，実はそうではありません。フィールドに入ってからも，研究者倫理への配慮が必要です。フィールドワーク開始後に気をつけることは，常にフィールドの責任者や研究協力者と意志の疎通を図って，良好な人間関係を維持することです。

　保育園でのフィールドワークにおいて，フィールドの人びととの良好な関係を維持する上で，最低，次の3点には留意する必要があるでしょう。第1点は，フィールドワークの計画を小刻みに調整することです。フィールドに入る許可をもらうときに調査予定期間を伝えたからと言って，自分の都合のよいときに突然訪問してよいわけではなく，具体的な訪問日と観察時間をフィールドの責任者に前もって伝えておく必要があります。保育園の場合，たとえば観察者が毎週水曜日をフィールドワークの日と決めたとしても，月によっては遠足や運動会などの行事が組まれていることもありますし，年度の変わり目である3月と4月は観察者の受け入れに消極的になることもありますので，事前に園長と日程を調整した上で翌月の観察日時を決めていく必要があります。筆者の場合，「来月はこのような日程でお伺いさせていただけたらと思いますが，いかがでしょうか」と事前に園長に尋ね，不都合がある場合には微修正をした上で，毎月のフィールドワークの日時を文書に書いて提出していました。さらにフィールドワークのたびに，「次は○月×日にお伺いさせていただきますので，よろしくお願いします」と，確認をしてから帰りました。口頭だけで確認するのではなく，ひと月ごとに観察の日時を文書にして渡すことで，観察日の記憶違いといったトラブルを未然に防ぐことができたように思います。

　第2点は，資料へのアクセスの範囲を確認することです。ひとたびフィールドに入ることが許されたからと言って，自分がほしいデータをほしいだけ入手したり，戸棚から勝手に資料を取り出して見たりしてもよいというわけではありません。フィールドに入る許可をもらっ

ても，実際にどのような資料を見せてもらえるのか，あるいはどの資料は許可が必要でどの資料は許可がなくてもよいのかを，そのつど，確認する必要があります。

たとえば，「園児の正確な生年月日を知りたいのですが，在園児の名簿をいただけないでしょうか」と尋ねたとしても，「幼児のプライバシーを守る義務がありますから，お渡しできません」と言われたら，それ以上無理にお願いをすることはできません。子ども研究をする場合，子どもの年齢は重要なデータとなることが多いのですが，保育園が保管する文書に自由にアクセスできるとは限りません。

そのような場合には，フィールドの責任者から許可されている範囲内（保育室内の掲示物や保育園が親向けに発行する印刷物など）で，データ収集を行うことになるでしょう。筆者の場合も，園が保管する書類を見せてもらうことはほとんどできませんでしたが，各保育室の壁を飾っていた園児の名前と誕生日が書かれた掲示物や毎月園が発行する園便り（「10月生まれのお友達」というように当該月生まれの園児の名前と誕生日が記載されていました）などを見て，園児の名前と生年月日を少しずつ確認しました（下の写真は，タイ・バンコク市の国際学校でフィールドワークをしていた1991年当時，小学部の教室に貼られていたクラスの子どもたちの写真です）。常にフィールドの人びとの意向や人権を尊重しながら，許される範囲の中でデータを取ることが大切だと思います。

第12講　研究者倫理

第3点は，目配り・気配りをしながら聞き取りをすることです。インフォーマル・インタビューでは，活動の流れやフィールドの人びとの状況をよく見て，タイミングよく聞くことが大切です。たとえば，行動観察だけではどうしても保育者の意図がつかみにくい場合，その行為が生起した直後に聞く方が保育者自身も明確に意図を語ることができるものの，保育者が忙しく何かに取り組んでいる最中に聞くのは不快感を与えることにもなりかねません。フィールドで生起する事柄をよく見ることは，エスノグラフィーの手法の基本的スキルですが，「タイミングを見計らって聞くこと」や「聞けるような人間関係を作ること」も，欠くことのできない重要なスキルと言えるでしょう（柴山, 1999）。

　フォーマル・インタビューにおける留意点は，インタビューについての事前説明を行い，研究協力者の承諾を得ることです。事前説明としては，①インタビューの目的と具体的な協力内容の説明，②プライバシーの尊重，③インタビュー後のデータの取り扱い，④記録機器の使用についての許可の取得，の4点をあげることができるでしょう。

　①は，インタビューに要するおよその時間も含めて，どのような協力をお願いしたいかを伝えることです。②は，インタビューを始める前に，「プライバシーを尊重します。これから質問をさせていただきますけれども，プライバシーに関係することがあるかもしれません。もし話したくないことがありましたら，どうぞおっしゃってください」と，研究協力者に伝えることです。③は，インタビュー・データをどのような形で使用するのか（卒業論文として提出する予定であるなど）を伝えることです。④は，「外に出すことは致しませんので，お話を正確に記録するために，録音させていただいてもよろしいでしょうか」と，必ず許可を取ってから録音機器（テープレコーダー・MD・ICレコーダーなど）を使うことです。相手の許可を取らずに平気でボタンを押すことは，決してやってはいけないことです。

　この他に特に注意を要するのは，決して「ゴシップの運び屋」（箕浦, 1999, p.36）になってはいけないということです。複数の人に同じインタビューをしてデータを収集する場合，協力者が語り出しやすいようにということで，「この前，何々さんは，こんなことを言ってい

ましたが，あなたはいかがでしょうか」などと言いたくなるかもしれませんが，これは決して言ってはいけないことです。だいいち，インタビュー開始時に「プライバシーを尊重します。他の人には絶対に言いません」と言っておきながら，「誰々さんは，このようです」と言ったとしたら，それを聞いた協力者はインタビューアーを信用しないでしょう。「ああ，自分のことも他の人に言われてしまうのだな」と思われたら，協力者に自分の考えや心情を語ってもらうことは望めません。どんなときにも，インタビューをする場合には，すべての協力者のプライバシーを守り，決してゴシップの運び屋になってはならないことを肝に銘じてください。

（3）フィールドワークが終わった後

　フィールドワーク期間が終わり，フィールドから離れた後でも研究者倫理への配慮が続きます。多くの場合，フィールドワークで得た観察データを本格的に分析し解釈する作業を行うのは，フィールドを離れた後でしょう。観察データは，観察者の目的や関心によって選択・加工された上で，公表されることになります。フィールドワーク終了後に留意すべき事柄の中でも，データ公表に際して，フィールドの人びとのプライバシーを保護することが基本中の基本と言えるでしょう。

　フィールドワークをしている間は，フィールドメモもフィールドノーツも実名で記述していることが多いと思いますが，レポートにせよ口頭発表にせよ，何らかの形でデータの一部を公表する場合には，対象児やフィールドが特定されないよう，一貫して仮名やイニシャルを用いることが基本の1つです。

　もう1つは，研究協力者への研究成果のフィードバックと，データ公開の許可を得ることです。研究成果のフィードバックには，印刷された論文や著書といった完成品を送るだけでなく，公刊する前の原稿や校正の段階で，公表に際しての不都合や失礼がないかどうかを確認することも含まれます。筆者の場合，データを公表するに際しては園児名・保育者名・保育園名などすべて仮名を使い，初校の段階で関係するページを園長・保育者と保護者に送って見てもらい，公刊の許可を得ました。具体的には，A児が対象児である場合，A児の観察をさ

せていただいたお礼を述べると共に，A児に関する部分をすべてコピーして，「こういうかたちで書きましたけれども，何か差し障りがあるようでしたら削りますのでおっしゃってください」という手紙を添えてご両親宛に送りました。幸いすべての方から承諾をいただくことができたので，最終的に著書として出版できる運びとなりました。公刊後は，園長・保育者と対象児の親に，お礼状を添えて著書を送付したことは言うまでもありません。

　以上，フィールドワークの全過程において配慮すべき研究者倫理の問題を述べてきました。研究者倫理は，研究の手法の違いを問わず，研究のすべての過程で細心の注意を払って守るべき事柄です。フィールドに入って子ども研究をしようとする場合にも，研究者倫理に関する文献を事前に必ず読んでから研究を開始することが鉄則です。

この講のまとめ

　研究者倫理とは，「人間の幸福と発達に寄与する学問をめざそうとする研究者の基本的な姿勢」を指します。発達研究では，① 研究協力者を尊重すること，② 守秘義務を履行すること，③ 協力者への恩恵を平等にすること，の3点が研究者倫理の3原則とされています。子どもエスノグラフィーを手法として子ども研究をする場合，フィールドワークの実施前／実施中／実施後のすべての過程において，研究者倫理に十分に配慮することが求められます。

発展学習のための文献ガイド

- 古澤頼雄・斉藤こずゑ・都筑学，2000『心理学・倫理ガイドブック：リサーチと臨床』有斐閣.
  　心理学研究における研究者倫理について解説したガイドブック。質問紙法・心理テスト法・観察法・面接法・実験法・臨床／障害児研究を取り上げ，各手法で配慮すべき研究者倫理が具体的に解説されています。心理学研究に限らず，子ども研究をする場合でも必読です。

第13講

子どもを観察するということ
──実習生の観察と記録

◆講義内容
1. 実習生の観察と記録の背景
2. 観察実習における観察と記録の特徴
3. 子どもエスノグラフィーとの重なりと違い

海外調査で訪れたブラジル・ロンドリーナ市のカソリック系私立学校の幼稚部。保育時間は午後1時半から5時半までで、シスターと保育士がペアを組んで保育をしていた。

1．実習生の観察と記録の背景

　　子どもを観察することによって，子どもについて何らかのデータを取ろうとするのは，何も研究者に限ったことではありません。子どもの発達に日々関わる保育者もまた，園児を観察し保育日誌を記録するという作業を行っています。はたして，これまで解説してきた子どもエスノグラフィーの手法を使って子どもを観察し記録する場合と，実践者が園児を観察し記録する場合とでは，子どもを見る視点や記録のしかたにどのような違いがあるのでしょうか。今回と次回の講義では，保育者が園児をどのように見てどのように記録しているのか，子どもエスノグラフィーの手法による観察と記録との重なりと違いはどこにあるのか，の2点について検討したいと思います。今回は，保育者見習いである実習生の観察と記録（実習日誌）を取り上げて，検討することにします。

(1) 実習日誌が書かれる背景

　　実習生が実習中に書く「実習日誌」を具体的に検討する前に，実習日誌が書かれる文脈を確認しておきましょう。（特に注がない限り，実習と実習日誌に関する以下の記述は，相馬和子・中田カヨ子編，2004『実習日誌の書き方』を踏まえています。）

　　まず「実習の目的」から見ていきましょう。表13-1に示したように，実習の目的として，① 授業で学んだ理論や実技を保育現場で実践・確認・体得すること，② 保育者の職務を理解すること，③ 園生活を体験し理解すること，④ 子どもとの接触を通して，子どもを理解すること，⑤ 園の目標・方針を理解すること，の5点があげられています。この中で子ども理解に深く関わるのは ④ ですが，理解する事項として「年齢による発達の違い」，「同年齢児における発達の多様性」，「子どもの家庭環境の違い」などが例示されています。

　　実習期間は，教育実習については幼稚園での4週間の実習，保育実習については保育園で行われる2回の実習（各10日間）と，児童福祉施設で行われる1回の実習（10日間）からなっています。いずれも必

表13-1　実習の目的（相馬・中田編，2004を修正して引用）

① 授業で学んだ理論や実技を保育現場で実践・確認・体得すること。
② 保育者の職務を理解すること。
③ 園生活を体験し理解すること。
④ 子どもとの接触を通して，子どもを理解すること。
　（理解する事項：年齢による発達の違い，同年齢児における発達の多様性，子どもの家庭環境の違いなど）
⑤ 園の目標・方針を理解すること。
　（理解する事項：園児の年齢別構成，職員の構成，クラスの構成，保育室の配置など）

修科目で，幼稚園教諭や保育士になるためには不可欠な科目です。

実習は，いくつかの段階を踏んで進められます。所属学校での所定の科目の履修および事前指導 → 実習園でのオリエンテーション → 観察実習 → 参加実習 → 部分実習 → 全日実習 → 所属学校での事後指導，というのが一般的な流れです。

観察実習とは「子どもや保育者の様子を観察することを目的とした実習」，参加実習とは「保育に参加することに主眼が置かれた実習」，部分実習とは「1日のある時間帯を保育者として担当する実習」，全日実習とは「登園から降園までの1日を保育者として担当する実習」を言います。実習園における実習の諸段階をフィールドでの立場という観点から分類すると，観察実習は観察者として保育を観察することが中心であることから「消極的な参与」の立場，参加実習はより積極的に子どもに関わりながら観察することから「積極的な参与」の立場，「部分・全日実習」は従事する時間に違いはあっても保育者役割で保育に参加することから「完全な参与」の立場，と見ることができるでしょう（表13-2を参照）。（フィールドにおけるフィールドワーカーの立

表13-2　フィールドでの立場から見た実習の諸段階

実習の諸段階	フィールドでの立場
観察実習	消極的な参与
参加実習	積極的な参与
部分実習	完全な参与
全日実習	完全な参与

場については，第5講で詳述しています。）
　実習生は徐々に参加の度合いを増しながら，保育実践が行われているフィールドに参加していくことになります。こうしたフィールドでの立場の変化に伴って，観察メモの取り方も変わってきます。多くの園では，観察実習の段階では園児との関わりに差し支えない範囲でメモを取ることを認めているようですが，実習生自身が保育に参加するようになる参加実習以降の段階では，実践中にメモを取ることは難しくなるようです。したがって，観察実習の段階では，観察メモを見ながら実習終了後に実習日誌を記録することになり，参加実習以降の段階では，実習終了後に1日の活動を想起してその日のうちに記録することになります。実際に何人かの実習経験者に聞いた範囲では，休憩時間にメモを書いていた学生も少数いましたが，多くの学生は実習時間内にメモを取らずに，帰宅後に1日を振り返って記録するやり方をとっていました。

（2）実習日誌を書く目的

　実習のすべての段階で要請されているのが「実習日誌」をつけることです。実習日誌は，「実習での学習内容や経過を記録するもの」（相馬・中田，2004, p.19）として位置づけられています。実習生が実習日誌を書く目的として，以下の3点があげられています。

① 保育活動の流れや出来事，実習生が観察したことを記録することにより，自分の体験を整理・確認すること。
② 指導者からの助言や問題点・反省点を記録することにより，翌日の課題をはっきりとさせること。
③ 実習で得た経験・知識・感動・反省などを記録に残すことにより，後日の学習に役立てること。

　つまり実習日誌を書くのは，フィールドで見聞きしたことや自らが経験したこと，考えたことや反省したことを，書くという作業を通して明確化・意識化させることにより，フィールドでの学びを深めていくことにあると捉えることができます。子どもエスノグラフィーにお

けるフィールドノーツが〈自分が見てきた世界に対する解釈の記録〉
（第8講を参照）であるとすれば，実習日誌は〈自分の学びと成長についての記録〉と言うことができるかもしれません。
　こうした目的の違いは，フィールドで子どもを観察する視点や記録の書き方にどのような違いをもたらしているのでしょうか。以下では，観察メモを取りながら消極的参与の立場で観察する「観察実習」の段階を事例として取り上げて，子どもエスノグラフィーとの異同を比較検討することにしましょう。

2．観察実習における観察と記録の特徴

　実習日誌の形式については，養成校が独自に作成していることから多少の違いはありますが，記録すべき事項はほとんど同じであると言われています。ここでは，相馬・中田編著に模範例として掲載されている幼稚園実習の日誌例を使って，観察実習段階の実習日誌に見られる観察の特徴と記録の特徴を検討します。
　まず実習日誌は，大きく「1日の生活の流れ」を記録する部分と「実習生の感想・反省」を記録する部分に二分されています。すなわち実習生は，1日の生活の流れを，園児がいつ（実習日誌中の「時間」欄），どのような環境の中で（同「環境構成」欄），どのような活動をしたのか（同「子どもの活動」欄），それに対して保育者がどのように対応したのか（同「保育者の援助・留意点」欄）という視点から観察するよう求められていることになります。さらに「時間」を除く各項目について，「環境構成」欄には1日のうちのいくつか代表的な場を捉えて記述すること，「子どもの活動」欄には時間の流れとの関係で1日の生活をいくつかのまとまりで捉えること，「保育者の援助・留意点」欄には保育者の行動を書くだけでなく，保育者の援助や行動の意図を読み取って記述すること，が観察と記録における要点とされています。
　ここで注目されるのは，「子どもの活動」欄と「保育者の援助・留意点」欄における強調点の違いです。「子どもの活動」とは，あくまで保育活動の諸項目と各活動で観察された大多数の園児の姿であって，

実習日誌例（出典：相馬・中田編著（2004）pp.90-91を引用）

【　幼稚園の　　　観察実習時の日誌例　】

4月21日（月） 天候 雨のちくもりのち晴れ	3歳児 もも組	男児 13名 女児 13名 欠席 2名	備考

今日の実習のねらい：子どもとのかかわりから一人一人の子どもをよく観察し理解する。

時間	環境構成	子どもの活動	保育者の援助・留意点	実習生の動き・気づき
8:50 9:15	＜保育室＞ （図：ピアノ、ままごと用具、ブロック等、絵本、テーブル、椅子、ロッカー、シール、水道）	○登園 ・帽子、制服を脱ぎ、カバンをおろしてロッカーにかける。 ・上履き袋、スモック、カラー帽をロッカーに片づける。 ・タオル（小）2枚の1枚をタオルかけにかけ、1枚をカゴの中に出す。 ・絵本袋を箱の中に入れる。 ・ももノートにシールを貼る。	○登園してきた子どもを受け入れる。 ・笑顔で子どもたちと保護者にあいさつをする。 ・子どもたちに荷物を置き、部屋で遊んでいるように声をかける。 ・母親と離れるのを嫌がり泣いている子につきそう。 ・子どもたちが身支度を整える様子を見守り、必要のある場合は手助けする。	・登園してきた子どもたちに笑顔であいさつをする。 ・子どもが自分で身支度してみようと思えるような保育者の声かけ、援助に注目する。 ・登園を嫌がる子どもの様子、それを受けとめる保育者の様子を観察する。
9:40	＜ホール＞自由遊び （図：ピアノ、椅子、ブロック、ゴザ、ままごと、積木） ※大きなゴザを敷き、靴を脱いでゆったりと遊べる空間をつくっていた。	○自由遊び（室内） ・ホールに移動する。 ・ブロックやままごと道具を使って工夫して遊んでいる子や走り回って遊んでいる子がいた。途中から、ゆり組の子どもたちが合流、一緒にホールで遊ぶ。	○子どもたちがホールへ移動するように促す。 ・ホールの中央に大きなゴザを敷き、子どもたちが靴をぬいで遊べるスペースをつくる。 ・遊びの見つからない子どもに声をかけ、一緒に遊ぶ。	・子どもたちと一緒にホールへ移動する。 ・子どもたちと一緒に遊びながら遊びの様子を見る。 ・トイレに行きたい子につきそい、様子を見る。
10:20		○片づけ ・多くの子がすぐに気持ちを切り替えて保育者と一緒に片づけていた。	○ピアノで「おかたづけ」を弾き、片づける時間を知らせる。 ・みんなで片づけられるように促す。 ・子どもたちと一緒に片づける。	・子どもが気持ちを切り替えて片づけられるような保育者の声かけに注目しながら、子どもと一緒に片づける。
10:30	＜ホール＞体操 （図：ピアノ、子どもたち）	○体操：「地球ひとっとび」「きのこ」 ・初めての体操の活動だったがみんなとても楽しそうに踊れていた。	・子どもの手本となり曲に合わせて踊る。 ・保育者自身が楽しむ。	・不安そうなK、Nちゃんを抱き、様子を見ながら一緒に踊る。 ・どうしたらよいかわからずにいる子の様子も見ながら楽しく踊る。
10:40 10:45	※保育者は子どもからよく見える位置に立つ。 ＜ホール＞朝の集まり （図：ピアノ、子どもたち）	○ゆり組部屋に戻る。 ・椅子を出して並べ、座る。 ○朝の集まり：「ぞうさん」「こどものせかい」「チューリップ」 ○礼拝	○朝の集まりの用意をするよう声かけをする。 ○ピアノを伴奏し子どもと一緒にうたう。 ○「ちいさいおてて」をうたい、子どもたちに手を組むように促しお祈りをする。	・抱いていたK、Nちゃんをとなりの椅子に座るよう促し一緒に参加し、うたう。
10:55 11:00	（図：ピアノ、子どもたち）	・保育者とともにお祈りのときをもつ。 ○もも組の部屋に戻る。 ○帰りの準備 ・制服を着て帽子をかぶり、カバンを背負う。	○もも組の部屋に戻り、帰りの支度をするよう声をかける。 ・「○○ちゃん上手ね」と子どもが自分でやろうとする意欲を大切にした言葉かけをする。	・子どもたち、保育者とともにお祈りのときをもつ。 ・子どもが帰りの支度をする様子を見守り、必要のある場合は手助けする。 ・トイレにつきそう。

時間	環境構成	子どもの活動	保育者の援助・留意点	実習生の動き・気づき
11:10	〈保育室〉絵本 （図：ピアノ、棚、ロッカー、水道の配置図） ※保育者は椅子、子どもは床に座り、絵本が見えやすい位置、高さに留意する。	○絵本『おんなじおんなじ』を見る。 ・声をあげて楽しそうに見ていた。	・「ここここれからはじまるよ」をうたい導入とし、絵本の読み聞かせをする。読み終わりに「せんせいおはなしどうもありがとうございました」「どういたしまして」をする。	○子どもをひきつける絵本の読み聞かせについて保育者の様子をよく観察する。
11:20		○帰りの集まり ・立って「さようなら」をうたい、さようならのあいさつをする。	○「立てやホイ」「お背中ピシッ」をして「さようなら」のあいさつをする。	○「さようなら」をうたって、さようならのあいさつをする。
11:30		○降園	○子どもを保護者に引き渡す。	○子どもを見送る。

〈気づいたこと・学んだこと・反省点〉
　今日は、今まであまり保育者に対して甘えてきていなかったり、元気そうにしていた子どもが泣いたり、甘えたい気持ちになっていたように感じた。Y．Rくんなどは登園してから長い間泣きそうな顔をしながら「おうちにでんわするの」「かえりたい」と訴えてきていて、K．Iくんもぐずっているような話し方をすることが何度も見られた。K．Yちゃんも何もせずにボゥッとしている姿が何度か見受けられた。園でそのときどきの素直な感情を見せられるようになってきたのかもしれないと思った。また、休日中に母親と一日中共に過ごす心地よさを思い出したり、保育者や私と同様に新生活の疲れがたまって出てきたということもあるだろうと思った。保育者は子ども一人一人の心身の状態に配慮し、子どもの出すサインを受け止め、必要な援助をしていくことがとても重要であると感じた。

〈一人一人の子どもたちと接して〉
○K．Tくん、S．Sちゃん……以前より保育者に甘えたり、泣いて主張を通そうとすることが減ってきたように感じた。要求を泣かずに伝えられるようにもなってきて、泣いている時間も短くなり、保育者の言葉に耳を傾けようとする姿が見られるようになったと思う。S．Sちゃんは朝泣かずに母親と離れることができ、帰りの集まりのときも泣かずに待てた。自由遊びの後の片づけの時間に「お片づけしようね」と言うと、「イヤ．まだやるの」と言って拒否したが、私はおそらくSちゃんは「〜しなさい」と言われるのが嫌なだけだろうと思い「そう」「みんなやってるよ」と言うに留めると少し後に自ら片づけはじめていた。2人とも泣かなくても思いが伝わることがわかり、安心できるようになってきて、園生活に楽しみを見出すことができるようになってきたのかもしれないと思った。また、少しずつ他児を意識しはじめ「ここで泣いているのはおかしなことだ」「片づけないのはだめなことだ」ということに気づいてきているのかもしれないと思った。保育者は少し対応のむずかしい子どもに対しても、他の子どもと同様に思いやりをもってやさしく対応していくことが求められる。心を込めて接していれば子どもはきっと保育者の気持ちをしっかりと受け入れてくれるのだと思う。保育者は、今、その子に何が必要で、どう接すると伝えたいことがしっかりと伝わるかということに注意しながら保育をしていく必要があると思った。
○U．Sくん……数回玩具で叩かれ言ってもやめてくれなかったため私は少し大げさに「痛いよう」と泣いた振りをして見せた。するとSくんは急に真剣な顔になり、何度も「ごめんね」と謝ってきた。何度も謝るので少しかわいそうなことをしてしまったかとも思ったが、その後は痛く叩いたばかりか言葉で話しかけてくれることが増え、Sくんと少し仲よくなれたように感じた。少し乱暴な行動は、保育者とのコミュニケーションを求め、反応を引き出そうとしての行動なのかもしれないと思った。Sくんは、予想外に私を泣かせてしまったため、その行動ではいけないのだということに気づき、言葉という手段に切り替えたのではないだろうか。また、痛くて泣くという言葉だけでない生身の人間的な反応が返ってきたため、直接心に響き信頼感が生まれたのではないかと思った。

〈一日の感想〉
　ご指導ありがとうございました。もも組の子どもたちとだいぶ仲よくなることができ、彼らの個性も見えてきて一人一人に対する接し方を考えるのが楽しくなってきました。言葉での会話はまだ上手く成り立たなくても、何となく気持ちは通じ合うようになってきているのではないかと感じることがあります。とても楽しくてうれしいです。明日一日もできるだけ多くのことを学び取り、できるだけ多くの子どもたちと楽しい時間を共有できるように実習に励みたいと思っています。

〈指導者の助言〉
　一人一人の子どもをよく観察し、深い考察ができています。子どもの行動や言葉、表情などからその内面に何があるのかをとらえようとされている点が大変よいと思いました。子どもの気持ちを理解しようとする姿勢は保育するうえでとても大切なことです。

行為主体を明示しない形で平均的あるいは模範的な園児の姿を記録することをよしとしています。

　これに対して，保育者については，保育者の援助や行動からその意味（意図）を読み取ることを求めています。一例をあげれば，登園場面での保育者の声かけは，園児が「自分で身支度をしてみよう」いう気持ちになるための配慮であることを読み取り，保育者の視点から保育者の言動を記述する必要があります。ただし，保育者の言動についても行為主体を明示しない形で書かれているので，個別の保育者の言動の記録というよりも，複数の保育者に共通に見られた姿の記録ということになるでしょうか。この「1日の生活の流れ」を記録する部分は，実習が終わる最終日まで毎日記録することになります。つまり実習生は，保育活動の時間と保育者が準備した環境作りに留意しつつ，まとまりをもった活動として，保育者役割を持つ人の視点から保育を見ることができるように訓練されていると言えるかもしれません。

　同時に，実習期間中，同じ視点から保育実践を毎日，全体的に観察する一方で，特定の事柄や個々の園児に焦点を当てて観察する焦点的観察もしています。焦点的観察に関連するのが「今日の実習のねらい」欄・「実習生の動き・気づき」欄と「気づいたこと・学んだこと・反省点」欄です。実習生は，実習前に「子どもの年齢ごとの発達の違いを知る」というように概括的な目標を決めた上で，その目標を達成するために日々のねらいを設定して実習に臨んでいます。事例の実習生の場合，「保育全体の様子やクラス集団としての子どもの様子は見てきたが，まだ一人ひとりの子どものことがよくわかっていない」という前日の反省を踏まえて，「子どもとのかかわりから一人一人の子どもをよく観察し理解する」というねらいを設定したそうです。つまり「今日の実習のねらい」は，実習全体の目標および前日までのねらいとの関連の中で，日々，少しずつ焦点を替えながら設定されるものであることがわかります。そして，ねらいに即して観察したものを記録するのが，「実習生の動き・気づき」欄と「気づいたこと・学んだこと・反省点」欄です。

　「実習生の動き・気づき」欄には，ねらいを達成するために保育の何を観察してどのように行動したのかを簡潔に書くのに対して，「気

づいたこと・学んだこと・反省点」欄には，焦点を当てて観察をした事柄の中から強く印象に残ったものを選んで詳述するとともに，それに対する自分なりの考察も書きます。実習日誌例に見るように，実習生が選択しているのは，いずれも実習生が何らかの言動の変化を感受した園児たちや保育者が特別な配慮や声かけをした園児たちのように見うけられます。模範的な手のかからない園児よりも，特別な配慮や声かけが必要な園児の方が多くの学習題材を提供してくれることが多いとすれば，実習生のこうしたエピソード選択も〈保育者見習いとしての学び〉という実習の目標と関係を持っていることがわかります。

　選択した出来事を書くに当たっては，誰が読んでもその場面が思い浮かぶように，誰がどこで何をどのようにしたのかを状況ごと詳述するのがよい記述だとされています。さらに観察した事柄を「保育者として必要な援助」に収斂させて考察することが求められているようです。これは，実習日誌を書く目的が，保育者見習いとしての〈自分の学びと成長についての記録〉を残すことにあることを考えれば，当然のことと言えるでしょう。

　以上，観察実習段階における実習日誌の例を取り上げ，観察と記録の特徴を見てきました。次項では，以上の実習日誌の特徴を子どもエスノグラフィーにおける観察と記録の特徴と対比させながら整理することにします。なお，対比においては，フィールドでの立場を同じにするために，フィールドメモを取りながら「受動的な参与」の立場で観察をするフィールドワークを想定して検討することにします。

3．子どもエスノグラフィーとの重なりと違い

　観察実習段階の実習日誌に見られる観察・記録の特徴と受動的参与の立場で行う子どもエスノグラフィーにおける観察・記録の特徴を〈観察のしかた〉と〈観察記録の書き方〉に分けて整理したのが表13-3です。

（1）観察のしかたに見られる共通点と相違点

　まず〈観察のしかた〉に見られる共通点は，いずれも「焦点を決め

て観察をする」という点です。ただし，焦点の決め方や観察の段取りには違いがあります。実習では，保育実践を全体的に把握する「全体的観察」とねらいを定めて観察する「焦点的観察」を実習の全期間にわたって併用しています。また，焦点的観察の焦点は相互に関連を持ちつつも，日ごとに焦点を少しずつずらしながら設定されていきます。

　これに対して，子どもエスノグラフィーでは，「全体的観察」→「焦点的観察」→「選択的観察（理論的焦点の定まった観察）」へと，段階的に移行していきます。全体的観察期にフィールドについての情報を網羅的に集めた上で，研究設問を解くために必要な観察の焦点が決まったら「焦点的観察」に移ります。焦点的観察期の観察は，焦点を当てた事象や個人に比重を置いて，集中的・継続的に観察することが中心となります。さらに焦点を当てて観察した事柄を読み解く理論的な視座が得られた時点で，理論的焦点を定めた「選択的観察」に進むことになります。

（2）観察記録の書き方に見られる共通点と相違点

　次に〈観察記録の書き方〉に見られる共通点は，「誰が誰と／どこで／何を／どのような状況で／どのようにしていたのかを他者が読んでもその場面が思い浮かぶように詳細に記述する」という点です。実習日誌は，現場指導者である幼稚園の先生や養成校の指導者が見ることを前提として書かれますので，具体的かつ詳細な記述が不可欠となります。一方，フィールドノーツは必ずしも他者が読むことを前提としてはいませんが，半年後あるいは1年後に読み直す自分を他者（フィールドノーツを書いた時点での自分とは別人という意味での他者）と見なして書きますので，実習日誌で求められているような記述が必要になります。

　一方，相違点は，「全体的観察の記録における行為主体の取り扱い」と「観察された事柄と解釈の書き分け」にあると考えます。実習日誌の全体的観察を記録する前半の部分では，園児・保育者の双方について，行為主体を明示しない形で言動を書きます。これは単に書き方の問題に留まらず，園児も保育者も一人ひとり別の個人として見るというよりも，集団として個人間の共通部分に目を向けて見ることを方向

表13-3　観察実習と子どもエスノグラフィーにおける観察と記録

	観察学習	子どものエスノグラフィー
観察のしかた		
共通点	全体的観察と焦点的観察の導入	
相違点	全体的観察と焦点的観察の併用	全体的観察→焦点的観察→選択的観察へと段階的に移行
	実習のねらいに応じて焦点をずらして観察。	研究設問を解くために必要な焦点に比重を置いて，集中的・継続的に観察。
観察記録の書き方		
共通点	他者が読んでもわかるように状況ごと詳細に記述	
相違点	全体的観察の記録では園児・保育者共に行為主体を明示せずに簡潔に記述。	すべての観察段階において行為主体を明示して詳細に記述。
	焦点的観察の記録では強く印象に残った園児について記述。	焦点観察では特定の園児を集中的・微視的に観察すると同時に巨視的にも観察。行為者や方法論についての覚書も記述。
	「保育者として必要な援助」に収斂させて考察。	研究設問あるいは暫定的な仮説と関連づけて，観察データが持つ理論的示唆を考察。

づけるという点で，観察者（実習生）の見方を規定しているように思われます。

　もちろんこれを補足する形で，日々のねらいに即した焦点的観察がなされており，活動の一部を詳細に観察することによって，園児を個別に見て書く機会を与えています。ただし，先に述べたように，実習生にとって強く印象に残った園児（多くの場合，特別な配慮や声かけが必要な園児）が取り上げられる傾向があるようです。つまり実習日誌では，大多数の子どもの姿や保育者間で共通する姿を簡潔に記録すると同時に，焦点を当てた事柄について詳述するという2種類の記述が使用されています。さらに観察記録についての考察は，最終的には「保育者として必要な援助」という視点から，観察記録の直後に書き添えられています。

　これに対して，子どもエスノグラフィーでは，すべての観察段階において行為主体を明示して記録することが原則となっています。それは，子どもエスノグラフィーでは，フィールドの人びとを集団の中で

第13講　子どもを観察するということ——実習生の観察と記録

捉えながらも，一人ひとりが固有の意味を生成する行為者であると見るからです。もちろん焦点的観察期に特定の個人に焦点を当てる場合でも，焦点を当てた個人を他者や状況と切り離して観察し記録するのではなく，焦点を当てた個人を観察の中心に据えつつ，その個人と相互作用を持つ他者を個体識別しながら詳細に記録していきます。なお，焦点的観察は，焦点を当てた事象や個人について，ある程度データが集まるまで継続して観察を続け，記録を蓄積していくのが一般的です。また，観察記録についての解釈は，観察記録とは別の箇所に，「理論メモ（観察データが持つ理論的示唆についての覚書）」「方法論メモ（方法論についての覚書）」「個人メモ（フィールドの人びとについての覚書）」という3点を中心に記録していきます（第8講参照）。

　つまり実習における観察は，観察の全期間にわたって保育全体の様子を保育者の視点から観察すると同時に，個々の子どもの姿を多様な視点から観察することにより，保育者の仕事をより深く理解しようとする点に特徴があるように思います。これに対して，子どもエスノグラフィーにおける観察は，観察の初期段階にフィールド全体の様子を把握した上で，特定の個人や事象を継続的かつ集中的に観察することによって，個々の子どもの変化とそこに投影された集団や他者との関係性の変化などを理解し，子どもの生活世界やフィールドに埋め込まれた暗黙の前提を読み解こうとする点に特徴があると思います。

この講のまとめ

　保育園や幼稚園で保育・教育実習を行う実習生も，子どもを観察して記録することを経験しています。受動的参与の立場で行う「観察実習」と子どもエスノグラフィーを比べると，「焦点を当てて観察し，観察したことを具体的に書く」という共通点を持つ一方で，① 観察段階の移行のさせ方，② 観察の焦点の決め方，③ 全体的観察の記録における行為主体の書き方，④ 観察データの解釈の方向性，などにおいて違いが見られます。

発展学習のための文献ガイド

● 相馬和子・中田カヨ子編，2004『実習日誌の書き方』萌文書林.

　保育園と幼稚園で実習をする実習生向けに書かれた，実習日誌の書き方についてのマニュアル。実習の各段階で何をどのように見て，それをどのように記録するのが望ましいかが詳しく解説されており，実習生の観察と記録の特徴を知る上で参考になります。

第14講

子どもを観察するということ
──保育者の観察と記録

◆講義内容
1. 保育者の観察と記録の背景
2. 保育者の観察の特徴
3. 保育記録に見られる記録の特徴
4. 子どもエスノグラフィーとの重なりと違い

フィールドワークをしていた東京都内のB保育園。跳び箱がうまく跳べるように見守る保育者。

1．保育者の観察と記録の背景

　今回は，保育者の観察と記録（保育記録）を取り上げて，子どもエスノグラフィーにおける観察と記録との重なりと違いを検討します。保育者が日々の保育実践の中で行っている観察と記録の特徴を具体的に検討する前に，保育者はどのような種類の記録を何のために書いているのかを，幼稚園の場合を例にとって確認しておきましょう。
　保育者の多くは，「子どもの姿の記録から保育を考えること」にこそ保育の基本があると考え，何らかの形で保育の記録を残しています。一般に幼稚園で作成される記録には，事実を客観的に記録する「観察記録」と，客観的に書きつつも保育者の考察や考えも書き込む「実践記録（保育記録）」の2種類があり，写真やビデオなどは観察記録に，保育日誌・個人記録・面接記録・連絡帳・指導要録（正式名称は「幼稚園幼児指導要録」）・その他（園務日誌・会議の記録・行事の記録など）は実践記録に分類されています（関, 2001）。表14-1は幼稚園で書かれることが多い記録の種類とその概要を整理したものです。
　特に保育日誌は，保育者が自らの実践を省察し，それを次の保育に生かしていくものとして重視されています。具体的には，保育日誌を書く前にまず何について書くか（焦点）を決めてから，その焦点にそって子どもの姿や言動を正確に記録し（実態把握），次に記録を自分なりに考察し（考察・評価・反省），最後に考察をもとに翌日の保育計画を考える（保育に生かす）ことになります（関, 2001）。つまり，① 子どもの姿を正確に捉え，② 捉えた子どもの姿について評価・反省し，③ その考察を踏まえて子どもの育ちを支援すること，に保育日誌を書く目的があるということができます。

2．保育者の観察の特徴

　ここでは，首都圏にあるC幼稚園（3-5歳児保育を行う私立幼稚園）で幼稚園教諭として勤務した経験を持つ6人の保育者の事例に基づいて，保育者が日常の保育の中で子どもの何をどのように観察して

表14-1　幼稚園で作成される記録の種類とその概要

(関，2001から筆者が作成)

	記録の種類	概要
観察記録	写真	子どもの遊びの様子や表情，行事の様子などを記録として保存したり保護者に伝えたりするための記録媒体
	ビデオ	子どもや保育者の音声や動きをリアルな記録として残すための媒体
実践記録	保育日誌	日々の保育を振り返り，保育の計画や環境や援助のしかたについての反省・評価を書いたもの。次の保育計画の基礎資料として活用する。 記録形式として，日案・週日案などがある。
	個人記録	子ども一人ひとりの成長や変化を縦断的に記録したもの。記録形式として，個人記録表や個人記録ノートなどがある。
	面接記録	個人面談や家庭訪問などで，保護者から得た情報を記録したもの。
	連絡帳	保育者と親との間でやりとりされるノート。
	指導要録	学校教育法施行規則第12条の3によって規定されている，園長が作成しなければならない公式の表簿。「学籍に関する記録」と「指導に関する記録」から構成され，その年度の指導過程とその結果を要約的に書く。
	その他	園務日誌・会議の記録・行事の記録など，園全体の記録として残すもの。

いるのかを具体的に検討しましょう。対象者の1人である木野原佐知先生（仮名）は，筆者が担当する講義（子どもエスノグラフィーを教える演習）の受講生の1人です。保育者の観察と記録の特徴を把握するための質問紙は，2004年12月から2005年1月の間に，木野原先生を通じて配布・回収しました（質問紙の項目は表14-2に示した通りです）。調査時点で，対象者6人のうち3人が保育園での勤務経験も持っていました。木野原先生には，C幼稚園における記録の種類とその概要について，半構造化インタビューも実施しました。以下の記述においては，研究協力者のプライバシーに配慮し，すべて仮名を使用します。

　質問紙に対する6人の保育者の回答を要約的に整理したのが，表14-3です。まず「園児観察の目的」を見ると，幼稚園教諭としての経験年数にかかわらず，「子ども一人ひとりの個性・興味や発達の状

表14-2　保育者に行った質問紙調査の項目

〈幼稚園教諭として園児を観察することに関する質問〉（すべて自由回答式）
（1）園児を観察することの目的は，どこにあるのでしょうか。目的が複数ある場合，できるだけすべての目的を教えてください。
（2）園児を観察する場合，子どもの何をどのように観察するのでしょうか。上記の目的に応じて「何をどのように」が変化する場合には，それを教えてください。
（3）観察の記録のしかたについて，観察記録の項目や注意点などがありましたら，教えてください。
（4）「園児を観察すること」の力量は，保育者の経験年数によって，どのように変化していくのでしょうか。
（5）（保育園での勤務経験がある場合）　幼稚園と保育園という2つの異なる職場での子どもとの関わりの中で，園児を見る視点の違いなどがあれば，教えてください。
（6）（木野原先生に対してのみ）　保育者として園児を観察・記録することと子どもエスノグラフィー学習者として子どもを観察・記録することを比べた場合，両者の共通点と相違点はどこにあると思いますか。

態を把握すること（健康状態の把握も含む）」と「友達関係およびその変化を把握すること」の2点が，園児観察の目的として共有されていることがわかります。そのために，登園時の子どもの様子や遊びの様子，行事への取り組みの様子などを注意深く見ることを「観察の焦点」としてあげています。特に遊びは，園児の他者と関わる力や友達関係の質（上下関係や強弱関係）を把握し，園児の興味を知るための重要な観察の場面になっているようです。こうした観察は，〈一人ひとりの子どもに応じた保育をすると同時に集団としてまとめていく〉という最終的な目標につながるものであることが読み取れます。

3．保育記録に見られる記録の特徴

　次に保育者がどのような記録を書いているのかを検討しましょう。何種類の記録をどのように記録するかについては，園によって多少の違いがあるようですが，C幼稚園には，① クラス日誌，② 個人記録，

表14-3-1　C幼稚園教諭の園児の観察と記録：質問紙調査の結果から

保育者名 保育者経験	秋山先生 幼稚園：1年 保育園：1年	上田先生 幼稚園：3年	江原先生 幼稚園：3年	小田先生 幼稚園：4年 保育園：1年	菅野先生 幼稚園：5年 保育園：3年	木野原先生 幼稚園：10年
保育の重点	子どもと関わる視点は同じであるが、幼稚園では製作などで子どものあらゆる能力に目を向ける。保育園では生活習慣に気をつける。	（保育園での保育経験なし）	（保育園での保育経験なし）	幼稚園では毎年多くの園児が入園してくるため、集団生活に必要な指導（園での決まりごと・食事の準備の仕方・排泄等）が中心になる。 また、保育園児は幼稚園児とは違った方向から保育者を見ているように思う。保育者にとっては、保育者は母親に近い存在のようで、感情の全てをぶつけてくる。	幼稚園教諭として、子どもを集団としてまとめ上げることに力を注いできた。行事が1年の大半を占めるため、クラス単位・学年単位の活動が多いからである。 逆に保育園では、生活そのものを見守るという観点が強いため、個々を単位とした保育が中心となっている。母親的役割を担っている。	（保育園での保育経験なし）
園児観察の目的	・その日の子どもの様子や健康状態を把握する。 ・一人一人の成長・発達の様子を理解する。	①そのその子の成長を知る。 ②心の波や安定を知る。 ③体調を知る。 ④周りの友達との関係を知る。	子ども一人一人の個性を知り、その子に合った指導をするため。	・安全にすごす。 ・集団生活に馴染めているか。 ・一人一人の個性を知る。	①年齢とそれぞれのもつ性格・個性がその時期に共存す、発達していくのかを知る。 ②集団という生活の中で、他者との関わりかがどのように変化していくのかを知る。	①入園直後 子どもの性格や行動を把握する。 ②週明け・休暇明け 進級後 子どもの変化を見る。 ③妹弟の誕生前から誕生後 子どもの変化を見る。

第14講　子どもを観察するということ——保育者の観察と記録

表14-3-2　C幼稚園教諭の園児の観察と記録：質問紙調査の結果から

保育者名 保育経験	秋山先生 幼稚園：1年 保育園：1年	上田先生 幼稚園：3年	江原先生 幼稚園：3年	小田先生 幼稚園：4年 保育園：1年	菅野先生 幼稚園：5年 保育園：3年	木野原先生 幼稚園：10年
観察の焦点	・子どもの表情や仕草、友達との関わりかたなどを見守るようにし、過ごし方がどのように変化するから少し遠くから観察する。	①子どもができないことに困っていることが保育者や友達との関わりの中でどのように変化するか。②③室園内の子どもの顔つきを観察する。いつもと違う場合、保育中の活動や会話の乱れを観察する。④友達関係における上下関係・強弱関係を観察する。	・子どもの得手／不得手を知り、子どもの得意分野を伸ばしていくこと。	・一人一人の個性をちゃんと観察し、クラスとしてまとまっているかを考える。	①行事への参加が一番よく観察できる。(一人一人にあった教え方、指導上の集中力、興味の示し方もそれぞれ異なるので、日的に向かう中で発達を知ることができる。)②同じクラス内にいる友達関係を見る場合、自由時間、戸外遊びの中での遊具を使うことで、どのように遊びが広がるのかを見る。	①子ども一人一人の仕草を確認する。②朝の挨拶や視診を通して、子どもが落ち着いているか、心配そうな感じがしないかなどを確認する。③赤ちゃん返りや友達関係の変化がないか観察する。
観察記録 (保育日誌) の項目	・個人記録を書く(決まった項目はない。)・特にその子どもの気になった行動がその後どのようになったかを長い目で見ての記録する。	・トラブルやケガの記録・心の波が観察された時は、いつ頃かを記録する。友達関係や遊びの観察から感じたことを記録する。・母親との会話も記録する。	・子どもができたこと、できなかったこと。・子どもの気持ちの変化・子どもの言葉	・一日の主な活動・行事・ケガや発病した子どもとその状況・気になった子どもの様子	・保育園で使用している保育日誌を使用。(保育日案からなるB5版のもの)	・製作活動を例にとれば、自分が目立てた予想と同じようになったか、子どもの年齢にふさわしい活動だったかを反省して記録する。

表14-3-3　C幼稚園教諭の園児の観察と記録：質問紙調査の結果から

保育者名 保育経験	秋山先生 幼稚園：1年 保育園：1年	上田先生 幼稚園：3年	江原先生 幼稚園：3年	小田先生 幼稚園：4年 保育園：1年	菅野先生 幼稚園：5年 保育園：3年	木野原先生 幼稚園：10年
保育経験と観察力	保育経験を重ねることにとって、子どもの内面やものの奥までも読み取ることができ、保育者として援助できる方法が考えられるようになる。子どものちょっとした変化（表情・言動など）を観察することができるようになる。	経験年数が長いと、観察が必要なところとそうでないところがわかっているので、必要なもののみを観察することができる。一方、経験年数が短いと、子どものすべての気持ちを知りたいという気持ちが強く、一人一人をよく知ろうとして観察する。	1年目・2年目は園の行事や保育方針に追われながら、それに馴れるまでは、子どもを観察する余裕があまりない。保育者自身が成長することにより、子ども達の集中の度合いや発言の中から個性を知ることができる。	経験年数を重ねることによって、保育の進め方にも良い意味で余裕ができてくる。例えば、絵本の読み聞かせをいろいろないかけをすると同時にしながら、子ども達の集中の度合いや発言の中から個性を知ることができる。	経験年数が増すにつれ、保育士としての余裕が生まれ、より広い範囲での視診が可能になる。又、その時その時の対処法も自分なりに見出していけるようになる。	1年目は日常の保育をこなすことで精一杯で、子どもを観察する余裕がなかった。3年目頃から、子どもの変化や一人一人の性格・表現方法の違いが見えるようになった。保育経験年数とともに、子どもの体調の予測、変化への対応など、子どもの行動の予測、喧嘩への対応など、落ち着いて対応できるようになった。

［注］調査当時、退職者は秋山・木野原先生の2名、他は全員現職であった。
　　　保育経験年数は、2005年3月末現在のものである。

第14講　子どもを観察するということ——保育者の観察と記録

表14-4　C幼稚園で作成される記録の種類とその概要

	記録の頻度	記録の特徴
① クラス日誌	毎日記録	園で共通の形式を使用するが，記録する内容や書き方はクラス担任に一任されている。
② 個人記録	園児1人につきひと月に1度記録	B5版の用紙の上半分に保育者が気づいた園児の言動や成長の様子などを園児ごとに自由に書く。下半分には，保護者からの感想を書いてもらう。
③ 連絡帳	保護者の希望に応じて	園児の体調や出欠などを中心に，親が連絡したい事項を書き，それに対して保育者が返事を書く。（記録の要／不要も保護者の希望による）
④ 指導要録	学期終了時に	園児の1年間の成長の様子を箇条書きで記録する。 （例）最初は周りの子と話をするのを嫌がった。 　　　手先を使う遊びよりも身体を使う遊びを好む。
⑤ 園日誌	毎日記録	園全体で1枚の紙を回覧し，クラスごとに園児の出欠席状況などを記入する。

③連絡帳，④指導要録，⑤園日誌，の5種類の記録があったそうです（表14-4参照）。表14-1に示した実践記録の種類とほぼ同じであることがわかります。以下では，木野原先生が書いた「クラス日誌」と「個人記録」の実物を見ながら，記録の特徴を見ていきましょう。

(1) クラス日誌の例

　　C幼稚園の「クラス日誌」は「主な活動」「子供の様子」「反省」の3項目から構成されており，この用紙を使って毎日書くことが全クラスの保育者に義務づけられていたそうです。しかしながら，統一された記入法も保育者同士で見せ合うこともなかったので，木野原先生は「その日の予定に対して，実際にどのようにしたかを大まかに書いていた」と言います。図14-1は，木野原先生が5歳児クラスの受け持ちをしていた当時のクラス日誌の一部です。絵の具を使った描画活動をした5月23日と29日の例を見ると，「主な活動」欄には絵の具を使った描画活動の具体的な内容（筆の使い方／自由画）が記入され，「子供の様子」「反省」欄には保育者がその活動をどのように進めたかが園児の活動として記録されています。23日の記録では，「子供の様

	主な活動	子供の様子　　反省
21 月	さつまいも 苗植え	10:45分頃、上ばき・靴下を脱いで準備し、早速ペットボトルの一番上まで水を入れる。はじめはすみれぐみで。その次にPちゃんが苗植えをしてもぐる。帰ったときは、自分の足を自分で洗うが、O先生ずっ……で手伝って下さる。（ペットボトル図）
22 火	4月・5月 生まれ 誕生会	司会＝M、ピアノ＝Nさん はじめての誕生会。朝のうちに写真をとる。本当はK.I.くんも該当していたのだが、先週1週間ずっとお休みをしていたので、次回（6・7月誕生会）へ持ちこし。今回はプリンタルと。ほとんど残すことなく、きれいにたべる。踊りの曲 しあわせなら手をたたこう
23 水	えのぐ はじめての ふでの使い方	かみに黒のパステルで2本線を描き、その線でわかれた所、1ヶに1色をぬる。□ ⊞ ⊟ など。K.U.くん、やりなおし。 パレットとかいてあるタオルは自分で洗ったあとに、ふく専用。使用後は洗たく機へ→ きれいを残し、1→2→3の順にふでで洗う。
⋮		
29 火	えのぐ 自由画	2回目の自分のえのぐ。今回は自由画なので、色を重ねるときは下にぬった色がかわいてから…と話す。そして、もう一度、新聞紙や画版などの置く場所の確認を行う。ほとんどの子は使い方もおぼえており、洗い方もOK。H.F.くん、K.U.くんの2人のみ、かわいていない所の上に色を重ね、描き直しをする。 自由画……→キャラクターのものや空想のものでなく、本当に実在しているもので描きましょう。
30 水	楽器あそび マリー・ゴールドの 苗をうえる。	(楽器の絵：マリンバ・ビブラ・鉄琴、こだいこ、ティンパニー、シンバル、大だいこ) →左のこれらの楽器の持ち方と扱い方の確認をして、必ず1人1回は触れることが出来る様にする。その上で、リズム感や音のとり方の具合を見る。1人1回さわると、1時間、まるまる使う。楽器あそびの前にマリーゴールドの苗をうえる。 Y.K.ちゃん、ちゅうしゃで早退。

図 14-1　クラス日誌の例：C幼稚園の場合

[注] 木野原先生が書いたクラス日誌の一部を，人名をイニシャルにした上で引用。

子」「反省」欄に環境構成もイラストで記録されています。実習日誌に比べると，「環境構成」・「子どもの活動（姿）」・「保育者の配慮」・「感想・反省」を書く欄が大幅に圧縮されていることがわかります。

　その一方で，記録のしかたにおいては，先に見た実習日誌との共通点が見られます。それは，子どもの様子の記述において，行為主体を明記しない書き方と行為主体を明記する書き方が併用されていることです。29日の記録には「ほとんどの子は使い方も覚えており，洗い方もOK。」と不特定多数の主語が使用されていますが，それ以外の活動の記述では行為主体が明記されていません。その一方で，「K.U.くん，やりなおし。」（23日）とか「H.F.くんとK.U.くんの2人のみ，かわいていない所の上に色を重ね，描き直しをする。」（29日）というように，保育者から見て気になった園児については固有名詞で記述されています。

　保育者にとって"気になる子ども"を選択的に記録するというやり方は，秋山先生・上田先生・小田先生・菅野先生にも見られるものです（表14-3参照）。次ページの保育日誌の例は，菅野先生が現在勤務中のM保育園で書いた保育日誌です。なお，M保育園で採用されている保育日誌の形式は，1週間の連続した流れの中で保育を捉えるために1枚の用紙に週案と日案の両方を書き込む「週日案形式」と呼ばれているものです（今井，1999）。菅野先生によれば，幼稚園ではクラス単位・学年単位の活動が多く，保育園では個人を単位にした生活中心の保育がなされる傾向があるそうです（表14-3参照）。このような違いがありながらも，「こどもの姿」の記録においては，大多数の子どもの姿については行為主体を明記せずに書き，欠席児・体調不良児やトラブルの加害児・被害児などについては名前を明記して書くという，木野原先生と同じ書き方が見られます。

　このことは，必ずしも保育者が特定の子どもしか観察していないということではありません。本講2．で述べたように，保育者は子どもとの接触や遊びを通して，一人ひとりの子どもの状態や個性を捉えることに努めています。つまり実際には一人ひとりの子どもの様子を観察しているのですが，記録スペースの制約から保育日誌には手短に書

週案	ねらい	こどもの姿	保育者の配慮	評価・反省・考察	
4月 第3週 4月12日～4月16日	・お当番活動を取り入れ、自分の名まえをみんなの前で発表する。 ・初めてのハサミを使って正しい使い方を知る	・初めての活動にはずかしがりながらもみんなの前に立つことを喜んでいる。 ・嬉しさのあまり、興奮している	・お当番は、おりこうなお友達が出来るものという印象を与えながらもあそびの延長になる程度に行う。 ・正しい使い方を丁寧に指導していく。	・初めて使ったハサミは、説明から集中して聞け、全体で行うことができてとても良かった。 ・朝、帰りの会の際は、グループ席から整列する方法に変え、人の話をきちんと聞けることに重点をおく	記録者 園長
日(曜日) 天候 出欠	12日(月) 天候晴れ 出席16人・欠席3人	13日(火) 天候くもり 出席18人・欠席1人	14日(水) 天候くもり 出席18人・欠席1人	15日(木) 天候晴れ 出席18人・欠席1人	16日(金) 天候はれ 出席17人・欠席2人
主な活動の計画	お当番さんstart → 広場(春探しごっこ)	散歩(桜の散歩道)	(ハサミの使い方) こいのぼり製作	(のりの使い方) こいのぼり製作	・乾布摩擦 ・広場(しっぽとり)
環境構成(準備等)	・帽子 ・カップ ・救急セット	・帽子 ・携帯 ・救急セット	・ハサミ ・包装紙 ・画用紙	・のり ・のり雑巾 ・包装紙	・タオル ・救急セット ・帽子 ・なわとび
実施活動	・お当番さん ・広場(なわとび)	(ハサミの使い方) こいのぼり製作	(のりの付け方) こいのぼり製作	散歩(S川)	・乾布摩擦 ・こいのぼり(手型ハンコウ)
こどもの姿 評価・反省	・広場で、なわとびヘビや波を行う。自分のペースでとべるようになり、全体でとり組む。ちょうちょやたんぽぽ、ありの巣や竹の子などそれぞれの春もみつけられた。とても暑くなったので半袖にして出れば良かった。	初めて使うハサミに興味津々で正しい使い方の説明もきちんときけていた。使い始めてからもとても丁寧に慎重に使えており、切れた紙をみて子どもたちも満足気だった。こいのぼり飾りを見る。	昨日の続き、今日はのりを使った製作となる。ハサミ同様扱い方の説明と、注意をくりかえす。ハサミ以上に集中する力がみられ、1人15～30分は集中して行えていた。グループでの製作もとても良かったと思う。	とてもお天気も良かったので、少し遠くのS川までお散歩に行く。休憩を入れながらも丸1時間歩き続け、体力もつき、並んで歩くことができた。又、たんぽぽ、チューリップをみつけると歌をうたいながらのんびり春もみつけられた	手型の模様がとてもきれいに出来、子どもたちも満足気だった。広場では、子ども同士だけでおおかみごっこをしていたり、おままごとごっこから展開した遠足ごっこをするなどあそび方が発展していった。
備考	M男 T男) 私用欠 I男 N子 シロップ+粉	＊H子 も休憩休み ＊N子 シロップ 粉 ＊M男 私用欠	＊M男 私用欠 ＊N子 シロップ粉 ＊	＊M男 私用欠 ＊N子 シロップ	＊M男 私用欠 ＊S男 熱欠 ＊N子 シロップ

＊R男 → K男 に左うでかまれる　　＊A子 → K男 に右うでかまれる

図14-2　保育日誌の例：M保育園の場合

[注] 菅野先生が書いた保育日誌を，人名・地名をイニシャルにした上で引用。

かざるを得ないものと思います。

　このように「クラス日誌」は，その日の主要な活動がどのように進められたのか，活動に十分に参加できなかった園児は誰であったかが簡潔に記述されています。つまり保育者が決めた一定の枠から大きく外れずに活動に参加できた園児は，主語を省略した書き方か，「ほとんどの子」という集合的呼称で「クラス日誌」に記録される傾向があると言えるかもしれません。

（2）個人記録の例

　これに対して，「個人記録」には，保育終了後に保育の中でのやりとりや印象に残った園児の発話や仕草などを具体的かつ個別に記録していたそうです。木野原先生によれば，一人ひとりの園児について一番詳細な記録を書いたのは「個人記録」だそうです。図14-3は，木野原先生が書いた「個人記録」の一例です。保育活動の中で見せる子どものさまざまな側面を具体的に記録するためには，個性を持った行為主体として個々の園児を見る必要があります。保育者は，保育活動に完全な参加者として参加しながら，園児の姿を集合的に観察すると同時に，たとえ短い時間であっても，園児を個別に観察していることがわかります。

　木野原先生の場合，日々，保育者として全体的観察と焦点的観察を並行して行っていたようですが，両方の観察データを同じ頻度と同じ書き方で記録しているわけでなく，全体的観察の記録は簡潔ではあるけれども毎日書き，焦点的観察の記録は具体的であるけれども定期的に書いていたと言うことができるでしょう。

4．子どもエスノグラフィーとの重なりと違い

　ここでは，保育者による観察・記録の特徴を受動的参与の立場で行う子どもエスノグラフィーにおける観察・記録と比べながら検討したいと思います。検討に際しては，木野原先生のデータを中心に，両者の重なりと違いがどこにあるのかを探ることにします。木野原先生は，幼稚園教諭としての観察経験と子どもエスノグラフィー学習者として

平成○年5月20日　火曜日　　　　　　　　　　　　　　　　ひまわり組

　　　　　　　　　　　　　　　　　　　　　　　　なまえ　野原　百合　ちゃん

昨日のお弁当の時間でした。ゆりちゃんの隣りに座って食べていると、「ほら……見て！ 見て！ さちせんせい。ゆりちゃんのお箸！ 上手にもてるのー」と、お箸を正しく持って見せてくれたゆりちゃんでした。「本当‼ 上手ねー」と。じーっと見ていると、「だって、ゆりちゃん幼稚園になったんだもん」と、カワイイ返事がかえってきました。……そして、キャンディタイプのチーズも「さちせんせーい‼ ほら、チーズー！」(私も、三角形のチーズを毎日お弁当に入れています。)「同じだねー」「ねー」と、お話ししながら食べました。
さて、毎朝ディズニーたいそうをしています。お天気が良くない時は室内で踊りますが、「ボクらのクラブのリーダーはー♪」と、しっかり歌いながらカワイイ体操を見せてくれる百合ちゃんです。
　　　　　　　　　　　　　　　　　　　　　　　　　　　　　　　(木野原)

家庭での様子、感想などがありましたらご記入下さい。
無い場合は、読んだ印として、サイン又は押印をお願いします。

平成○年5月23日

喜怒哀楽のはっきりしている百合は、親の私が言うのも変ですが、とても反応が良いので見ていて楽ですが、だからといって粗雑に扱っていると、とても複雑なヘソの曲げ方をするので、天真爛漫に過ごせている園では、さぞかし先生方の応対がきめ細かいのだなあと感心させられます。お歌やダンスが大好きな百合は、毎日のように家でもオンステージ状態をくりひろげてくれています……！ お弁当時の緊張も溶け、食欲が増してきたせいか、リクエスト通りの大きいお弁当箱にしてもペロッと食べてきてくれています。(ましてや、さち先生との楽しい会話があれば、なおさら。)
本当に毎日楽しく過ごさせて頂いて、有難い限りです！

園からの連絡事項（略）

[注] 実際の個人記録は手書き。記録中の名前は、すべて仮名。

図14-3　個人記録の例：C幼稚園の場合

の観察経験の両方を持っていますので,「子どもを観察する」ということを経験者の視点から質的に検討できるものと思われます。以下では,〈観察のしかた〉と〈観察記録の書き方〉に分けて検討していきます。

（1）観察のしかた

まず〈観察のしかた〉に見られる共通点として木野原先生が指摘したのは,次の2点です。1つは,「観察するという意識を持ちながら子どもを見ること」です。保育者は,子どもの個性や友達関係を把握するために,また子どもエスノグラフィーを手法とするエスノグラファー（以下では「子どもエスノグラファー」と呼びます）は特定の問いを解くために,意識的に子どもを観察しています。つまり両者ともに子どもを"漠然と眺めている"のではなく,"意識的に見ている"ということです。

もう1つは,「観察対象とする子ども1人だけを観察するのではなく,他者とのやりとりなども含めて見ること」です。保育者は子どもの発達状態を把握するために,その子どもが何をして遊んでいるのかを観察するだけでなく,誰とどのように遊んでいるのかを観察しています。一方,子どもエスノグラファーは,対象とする子どもの言動を,その子どもと関わりを持つ他者やその時の状況ごと観察します。つまり子どもを関係性や活動から抜き取って見るのではなく,子どもを関係性や活動の中で見るということです。

この他に,「子どもの意図や内面を理解するために子どもの言動を見ること」も,保育者と子どもエスノグラファーの共通点として指摘できるのではないでしょうか。保育者は,子どもが何を考え何を求めているのかを読み取って,適切な働きかけをしています。幼稚園教師として半世紀以上にわたって優れた実践を行い,「保育の達人」と呼ばれている堀合文子氏は,幼児の言動を通して幼児の内面を見通す保育者の目を「レントゲンのような目」と呼んでいます（内田, 1998）。子どもエスノグラファーも,子どもや保育者の言動の背後にある行為者の意図や意味づけを探るために観察をしています。

一方,保育者としての観察と子どもエスノグラファーとしての観察

における違いとして木野原先生が指摘したのは，次の３点です。

　第１点は，「個別観察時間の違い」です。木野原先生によれば，保育者が保育の中で子どもを個々に観察する時間はかなり短く，５分から10分程度のことが多いということです。一方，消極的参与の立場で特定の子どもを観察する子どもエスノグラファーの場合，フィールドワークの時間中（１時間とか２時間というように），その子どもの言動を見続けることが可能です。

　こうした違いは，観察者側の関心の違いだけで説明できるものではなく，フィールドでの立場の違いによるところが大きいと考えます。受動的参与の立場をとる子どもエスノグラファーは，「観察者」役割に比重を置いてフィールドに参加するので，保育活動の全体を見ながらも特定の子どもを集中的・継続的に見ることができます。これに対して，保育者は「完全な参加者」としてフィールドに参加するので，特定の子どもだけを見ているわけにはいきません。保育活動の中で次々と生起する事態やエピソードに対応することが要請される保育者にとって，全体の子どもを見つつも特定の気になる子どもを時間の許す範囲で観察せざるを得ないものと思われます。

　第２点は，「観察開始時点で所有する子どもについての情報量の違い」です。保育者は，入園前の面接や体験保育などを通して，子どもの発育状態・家庭環境・親から見た性格などについて，ある程度の情報を得ています。これに対して，子どもエスノグラファーはフィールドワークをしながら，対象児の観察や保育者からの聞き取りを通して，少しずつ子どもについての知識を増やしていきます（もちろん多くの場合，名前や年齢など対象児についての最低限の情報は持っていますが）。つまり観察開始時点で，"事前情報を持ちつつ子どもを見る（保育者）"か"未知なる子どもを探索的に見る（子どもエスノグラファー）"かの違いがあるものと思います。

　第３点は，「観察における子どもとの関係性の違い」です。保育者は「完全な参加者」として保育活動に参加する以上，子どもに働きかけたり子どもの言動に積極的に応じたりするのは当然のことです。これに対して，受動的参与の立場で観察する子どもエスノグラファーは，特定の事態（子どもが危険に直面したときや子どもが話しかけてき

ときなど）が生起しない限り，自分から子どもに働きかけて子どもの言動を変えることはありません。

　また，子どもの視点から見れば，「自分を見ている人」という点では同じであっても，少なくとも観察の初期段階においては，保育者と子どもエスノグラファーに対する意識のありようは違うものと思われます。筆者はかつて保育園でフィールドワークをしていたとき，4-5歳児から「ねえ，何見てるの？」とよく聞かれました。園児は保育者にこの類の質問をするでしょうか。つまり園児から見ると，保育者は"毎日いる見慣れた人"であるのに対して，子どもエスノグラファーは"時々来るちょっと不明な人"のようで，"見られている"という意識をより強く感じているのかもしれません。

（2）観察記録の書き方

　次に〈観察記録の書き方〉については，木野原先生は次の2つの相違点を指摘しています。第1点は，「子どもの言動についての記述の詳細さの違い」です。木野原先生によれば，幼稚園教諭をしていたときは，「落ち着きがない」「人見知りをしない」「ニコニコ笑顔が絶えない」というように，個々の子どもの観察データを大まかに表現する傾向があったそうです。これに対して，子どもエスノグラフィーにおける記録では，子どものどのような言動から「落ち着きがない」と感じられたのかを，状況・行動・発話を含めて詳細に記述することが求められます。「落ち着きがない」と判断する基準は人によって違うかもしれないので，それを状況・行動・発話データとして残しておくためです。こうした記述の違いは，観察時間と記録形式の違いとも関係しているのかもしれません。保育者は，所定の用紙に収まるように，観察したことを圧縮して書くよう制約されている側面も無視できないでしょう。ちなみに子どもエスノグラフィーの場合，記録における分量の制限は原則的にはないと言えるでしょう。

　第2点は，「記述における主観の違い」とも言えるものです。たとえば気になる子どもについて記録する場合，保育者は保育の合間に観察したその子の言動だけでなく，すでに持っている情報を補足的に使って書くこともあるようです。これは，その子どもの一部始終を見て

いることが難しいという事情から来るものですが，必ずしも観察データに基づかない憶測がなされるおそれがないわけではないようです（當銀, 2005）。

　一方，子どもエスノグラフィーにおける記録では，観察者の印象や思い込みを排除して，「何が起きていたのか」「なぜそのように感じられたのか」を状況・行動・発話データとしてできるだけ詳細に書き込むことが基本となります。子どもエスノグラフィーによって得られたデータ（エスノグラフィック・データ）は，観察者の関心に沿って集められたデータである点で，「主観的データ」と批判されることもあります。しかしながら，エスノグラフィック・データとは決してエスノグラファーの印象や思い込みではなく，エスノグラファーが定めた特定の視点からフィールドの人びとの言動をよく見ることによって初めて得られるデータなのです。

　この他に，共通点として「観察データを言語記録として残すこと」を，また相違点として「観察記録作成における手がかりの違い」と「記述における系統性の違い」の2点を指摘したいと思います。保育者も子どもエスノグラファーも自分が観察した事柄を言語記録として残すことを基本としますので，観察データを「量的データ」としてではなく，「記述的データ（質的データ）」として記録する点は同じです。

　相違点の1つとしては，現場でメモを取りながら観察する子どもエスノグラファーの場合，フィールドノーツの作成過程で，このメモを「記憶の手がかり」（エマーソン他, 1998, p.84）にしてフィールドで生起した事柄を書き起こすことができます。一方，保育者の場合，ポケットにメモ帳を入れておき記憶の補助手段にする人もいないわけではありませんが（関, 2001），保育の中で気づいたことや気になったことを保育終了後に書き記すのが一般的なようです（當銀, 2005）。

　「記述における系統性の違い」については，すでに述べたように，子どもエスノグラフィーでは，焦点を当てた事象や個人についてのデータを系統的に収集する点に特徴があります。観察から見えてきた示唆を理論的にも方法論的にも精緻化させながら，常に行為者を明示した書き方で，フィールドで生起した出来事や相互作用過程の諸相についてのデータを蓄積していくのです。

この点，保育者は，当然のことながら，特定の子どもだけを見ていることは難しく，自分のクラスの子ども全員を集合的かつ個別的に観察する必要があります。記録においては，集合的観察データについては行為主体を明示しない書き方が，個別的観察データについては行為主体を明示する書き方が採用されています。

　また，子どもの状態やクラスの状態によって，保育者が「気になる子ども」や「気になること」が変わることがあります。これに伴って，保育者もまた柔軟に観察の焦点を変えながら，子どもについての情報を集めていくものと思われます。こうした"少しずつ焦点をずらしながら，保育集団を全体的かつ個別的に観察する"という保育者の観察の特徴は，実習生のそれと同じものです。

　以上をまとめたのが，表14-5です。"柔軟に焦点をずらしながら保育集団を全体的かつ個別的に観察し，選択的かつ簡潔に記録する"のが保育者の観察・記録の特徴であるとすれば，"特定の視点から観察

表14-5　保育者と子どもエスノグラファーにおける観察と記録

	保育者	子どもエスノグラファー
観察のしかた		
共通点	意識的に子どもを観察。保育活動や他者との関係の中で子どもを観察。子どもの意図や内面を理解するために子どもの言動を観察。	
相違点	完全な参加者として観察。	消極的参与の立場で観察。
	個別観察の時間が短い。	対象児を焦点的・継続的に観察。
	観察開始時点で，子どもについてある程度の情報を所有。	観察しながら子どもについての情報を探索的に収集。
	保育のねらいや必要に応じて焦点をずらして観察。	研究設問を解くために必要な焦点を定めて，集中的・継続的に観察。
観察記録の書き方		
共通点	観察データを言語記録として残す。	
相違点	保育終了後に記録。	観察メモを手がかりにして記録。
	集合的観察データは，行為主体を明示せずに記録。	すべての観察データを行為主体を明示して記録。
	個別的観察データは，行為主体を明示して気になる子どもを選択的・要約的に記録。（既有情報を補足的に使用することもあり。）	焦点を当てた子どもの言動を状況・行動・発話データとして，系統的に記録。

対象を集中的に観察し，観察対象について系統的かつ詳細にデータを記録する"のが子どもエスノグラファーの特徴と言えるかもしれません。もちろんこうした保育者の観察・記録の特徴は決して一般的なものではなく，保育者や保育者集団によって違いがあることは言うまでもありません。

　以上で検討してきた保育者の観察と子どもエスノグラファーの観察の特徴は，決して対立的・競争的な関係にあるものではなく，相補的・協力的な関係にあるものと考えます。幼稚園や保育園に限らず，実践の場をフィールドとして観察をするエスノグラファーの多くが，実践者の持つ子ども理解の豊かさと深さからたくさんのことを学んだ経験を持っていることでしょう。ただ，自分が完全な参加者として活動に従事する実践者にとって，時間的・立場的・方法論的な制約もあり，フィールドで生起した出来事や相互作用の一部始終を詳細に観察して系統的に記録することは難しいものと思います。この点で，子どもエスノグラフィーは，実践の豊かさをフィールドの人びとの視点から実践の文脈を壊さない形で記録し，その記録に基づいて人びとの日常世界を理解する点で力を発揮することができます。刻々と過ぎてしまう実践をエスノグラファーが言語的データとして残すことで，実践者が自らの実践を断片としてではなく連続体として捉えたり，自らの実践を省察したりするための資源を提供できるものと思います。
　また，エスノグラファーが内部者の視点を持ちながらも内部者とは違った視点からフィールドを見て実践に埋め込まれた意味を考察することで，実践者が自らの実践を複眼的に考察する糸口を提供できるかもしれません。もちろんエスノグラファーの視点や解釈は固定的・普遍的なものではなく，実践者との学び合いの過程で再構築され続けるものであることは言うまでもありません。こうした実践者とエスノグラファーの協働的な関係は，保育・教育実践の意味や子どもの経験を多層的に読み解くための共通基盤になるものと思われます。

📎 この講のまとめ

　幼稚園教師が完全な参与の立場で行う観察と子どもエスノグラフィーにおける観察には，「文脈を考慮に入れながら意識的に子どもを観察する」という共通点がある一方で，観察の立場・個別観察の時間・子どもに関する情報量・観察の焦点の決め方において違いが見られます。また，記録のしかたにおいても，「観察データを言語記録として残す」点では同じですが，記録の分量や集合的／個別的観察データの書き方などに違いが見られます。

📖 発展学習のための文献ガイド

- 今井和子，1999『改訂版　保育に生かす記録の書き方』ひとなる書房．
  　保育者，特に保育園で保育に携わる保育士向けに書かれた，保育記録（保育日誌，児童票，連絡帳，実践記録など）の書き方とその活用法についてのマニュアル。0歳児から5歳児までの全クラスにおける保育日誌例と書き方の要点が具体的に示されており，保育士の観察と記録の特徴を知る上で参考になります。

第15講

子どもエスノグラフィーがめざす知

◆講義内容
1. 実践者と子どもエスノグラファーに共有されているもの
2. 文化としての保育,活動としての発達

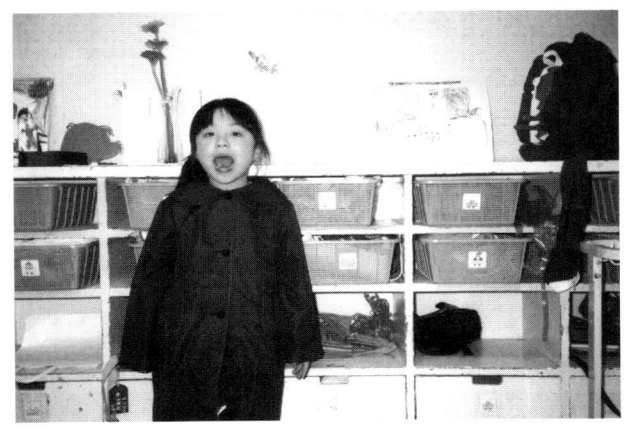

フィールドワークをしていた東京都内のB保育園。入園時に付与される「マーク」がカゴ・引き出し・靴箱・袋かけ・テーブルなどに貼られることにより,保育園の備品は特定の園児だけが占有的に使用できる「疑似私有物」となる。園児はこれらの使用を通して,「自分の領域」を理解していく。

1．実践者と子どもエスノグラファーに共有されているもの

　前回の講義では，保育者による観察・記録と子どもエスノグラフィーを手法とする研究者（子どもエスノグラファー）による観察・記録を取り上げ，両者の間にはどのような重なりと違いがあるのかを比較検討しました。そして，保育という文化的実践とそこでの子どもの経験を多層的かつ質的に理解するためには，実践者と子どもエスノグラファーがそれぞれの子ども理解のしかたを弁証法的に高めていくことができるのではないかと述べました。

　筆者は，実践者と子どもエスノグラファーとの間にこうした協働的・生成的な関係の形成が可能となるのは，子どもを見る視点やその記録のしかたにはいくつかの違いがあるけれども，それは海面から上に出た氷山の一角のようなもので，海面下では同じ氷塊が別の形状をした2つの角を支えているのではないかと推察しています。ここでは，実践者と子どもエスノグラファーがともに依拠していると思われる暗黙の前提について，考えてみたいと思います。

　実践者と子どもエスノグラファーに共有されている暗黙の前提の1つは，「① 子ども理解の土台を具体的な場所に置く」ということです（表15 - 1参照）。すべての幼稚園や保育園を均質的な空間と見なすのではなく，それぞれを固有の空間・秩序・意味を持った領域と見なすということです。たとえば，「転園したら子どもが元気になった」というような事態が起こるのは，制度としては同じ幼稚園であっても，個々の幼稚園は空間使用も集団構成も保育の内実も異なっているために，子どもにとっては別の場として経験されるからでしょう。

　2つ目は，「② 出来事や子どもを多様な視点から捉える」というこ

表15 - 1　実践者と子どもエスノグラファーが共有する暗黙の前提

① 子ども理解の土台を具体的な場所に置く。
② 出来事や子どもを多様な視点から捉える。
③ 子どもを環境からの働きかけを受けつつ，自らも環境に働きかける存在として見なす。

とです。日常生活で生じるさまざまな出来事や人間をただ1つの視点から一義的に捉えるのではなく，さまざまな側面から多義的に捉えるということです。保育者も子どもエスノグラファーも，3歳児クラスの子どもを身体的にも言語的にも社会的にもまったく同じ発達の状態にあると見るようなことは決してないだけでなく，「身体は小さいけれど友達とうまく遊べる」というように，子どもの状態を複数の側面から捉えているものと思います。また，何かトラブルが起きたときでも，トラブルの受け止め方は子どもによって違うし，加害者か被害者かという立場によって解釈のしかたも違うと考えるのではないでしょうか。

　3つ目は，「③　子どもを環境からの働きかけを受けつつ，自らも環境に働きかける存在として見なす」ということです。仮に環境を保育者という人的環境に限定して言えば，子どもを保育者の指示を受動的に受容し従順に従う存在としてではなく，保育者に指示されてもすぐに自分の行為を修正しなかったり（柴山, 2001），あるいは保育者の提案に自分の発想を加えて遊びを展開したりする（内田, 1998）など，他者の指示や提案を身体全体で受け止め，自分なりに解釈して反応する能動的な存在として子どもを見るということです。「その子その子なりの思いを大切にして個別に対応している」という保育者の表現も，固有の意味を紡ぎ出しつつ環境を再編成していくユニークな存在として，常に行為主体を明示させて子どもを記録する子どもエスノグラファーのスタンスも，子どもを能動的な行為者として見る眼差しの具体的な現れと言えるでしょう。

2．文化としての保育，活動としての発達

　上述の3点は，哲学者の中村雄二郎氏が「臨床の知」の構成原理として掲げているものと一致しています。中村氏は，①　を「固有世界」（一つひとつの空間や場所を有機的な秩序と意味を持った領界と見なす立場），②　を「事物の多義性」（物事には多様な側面と意味があることを自覚的に捉えて表現する立場）」，③　を「身体性をそなえた行為」（人間を身体と諸感覚を共働させながら他者と相互作用する行為

者と見る立場）と呼んでいます（中村, 1992）。

　この3つの構成原理は，近代科学の構成原理である「普遍主義」「論理主義」「客観主義」と対応づけられて命名されたものです。「普遍主義」とは，事物や自然を基本的に等質的なものと見なす立場で，事物や自然はすべて量的なものに還元されると考える立場です。すなわち地域的・文化的・歴史的な特徴はすべて捨象されて，個々の空間や場所は等質なものとして見なされます。「論理主義」とは，事物や自然のうちに生じる出来事はすべて論理的な一義的因果関係によって成立していると考える立場です。すなわち出来事は，1つの原因と1つの結果によって説明できるというわけです。「客観主義」とは，事物や自然を扱う際に扱う者の主観を完全に排除して対象を客体化して捉える立場を言います。すなわち主体と対象の分離・断絶を前提とし，対象は主体の働きかけを受け被る受動的な存在として見なされます。「臨床の知」の構成原理と「近代科学」の構成原理を対比的に整理したのが，表15-2です。

表15-2　「臨床の知」と「近代科学」の構成原理　（中村, 1992から筆者が作成）

臨床の知		近代科学
固有世界	⇔	普遍主義
事物の多義性	⇔	論理主義
身体性をそなえた行為	⇔	客観主義

　これらの近代科学の構成原理を研究パラダイムとして初めて成功したのは，18世紀初頭に確立された「ニュートン力学」でした。この3つの原理は，日常生活レベルでの力学現象（たとえば，物の落下運動や構造物の設計方法など）を説明する上できわめて説明力が高いものでした。それゆえに「普遍主義」「論理主義」「客観主義」の3つの原理は，ニュートン力学以来，自然科学（特に古典物理学）の研究パラダイムを構成する原理として普及し，現代の工学諸分野（土木工学など）の基礎を形成するに至りました（柴山知也, 1996）。

　自然科学の研究パラダイムの影響を強く受けて成立した心理学では，1980年代に入るまでその影響が根強く保持されてきました。子ども研究に即して言えば，子どもが生きる環境の固有性や子ども自身の能動

的な行動力は切り捨てられ，子どもに出現する事柄を操作的に要素化し単純化した上で，一義的な因果関係によって説明しようとする傾向があったと言えるでしょう。確かに近代科学の3原理は，自然現象を解明するのには適していましたが，人びとの経験がものをいうような領域や曖昧さを残さざるを得ないような領域には，必ずしも適していませんでした（中村，1992）。

　養育や保育に関わる研究領域においては，個々の場所を重視して複雑な現実に入り込み，身体を持った行為者が他者の示す顕在的・潜在的な意味を，諸感覚を駆使して全身で感受する様相や自らの意味世界を作り上げていく過程を捉えることがどうしても必要になります。特に養育や保育という日常的な実践では，身体を持った具体的な行為者同士の相互作用が重要であり，文字通り身体ごとぶつかり合う過程で，認知・判断・意味・行為が身体を基盤にして生成されていくのです。特に自分の考えや気持ちを言語化できない幼い子どもは，表情や行為で自分を表現します。つまり子どもの身体は，自己を作り上げる基盤であると同時に，自己表出や対話の手段でもあるのです。

　同時に，養育や保育は社会歴史的に形成されてきた文化的実践でもあり，人びとは制度や慣習から拘束を受けつつ行為する一方で，常に変化する状況に瞬時に対応しつつ行為してもいるのです（福島，1993）。これは，養育者・保育者にも子どもにもほとんど暗黙のうちになされることが多いだけに，養育や保育の過程を解明するためには，こうした日常行為が再生産あるいは修正されつつ再生産される過程を具体的に捉えていくことが必要になります。

　中村雄二郎氏は，個々の場所や時間の中で，対象の多義性を十分考慮に入れながら，対象との交流の中で事象を捉える方法を「臨床の知」あるいは「フィールドワークの知」と呼んでいます（中村，1992）。子どもエスノグラフィーは，まさに固有の時間と固有の場所で展開する具体性と個別性に目を向け，対象とする人間や集団の多義性や両義性を十分考慮に入れながら，人びとの認知・判断・意味・行為の生成過程を普遍的な心的構造として取り出すのではなく，身体を持った社会的行為者が繰り出す慣習的行動の中に埋め込まれた活動として質的に理解するための方法なのです。

この講のまとめ

　　保育者の観察・記録と子どもエスノグラファーの観察・記録は，重なりを持ちつつも，それぞれ固有の特徴を持っています。しかしながら，両者は，子どもや保育実践を捉える際に，同じ前提に立っていると推察されます。その前提とは，① 子ども理解の土台を具体的な場所に置くこと，② 出来事や子どもを多様な視点から捉えること，③ 子どもを環境からの働きかけを受けつつ，自らも環境に働きかける能動的な存在として見なすこと，の3点であると考えられます。これらは，「固有世界」「事物の多義性」「身体性をそなえた行為」を重視する立場に他ならず，近代科学の構成原理（「普遍主義」「論理主義」「客観主義」）の対極にあるものです。

発展学習のための文献ガイド

- 中村雄二郎，1992『臨床の知とは何か』岩波新書．
  「臨床の知／フィールドワークの知」という知のあり方を歴史的に位置づけ，日常世界を捉え直すための方法論として組織化を試みた優れた論考です。「臨床の知／フィールドワークの知」とは，近代科学の3原理の対極にある原理をモデル化したものであることが丁寧に解説されています。

あとがき

　私が初めてエスノグラフィーの手法の訓練を受けたのは，1990年に東京大学大学院で開講された佐藤郁哉先生（現・一橋大学大学院教授）の演習「エスノグラフィーの理論と方法」においてです。初回の授業で「本当にエスノグラフィーを学びたい者に限定する。その決意のほどをレポートに書いて表明せよ。」と通告された佐藤先生の気迫に圧倒されたことを，今でも覚えています。私は決意表明を書いて何とか受講生になり，毎週出される観察課題や読書課題に取り組むために，週末のたびにあちこちに出没してはフィールドレポートを書いたり，社会学の民族誌を読んだりする日々を過ごしました。そんな中でただ1つ残念だったことは，夫の海外勤務に同行するために，最後の2回の授業を受けられなかったことです。

　エスノグラファーとしての訓練を中断せざるを得なかった私にとって好運だったのは，1993年に箕浦康子先生（現・お茶の水女子大学客員教授）が東京大学に着任され，「心理学的エスノグラファー」の育成を本格的に開始されたことでした。箕浦先生の演習では，毎週フィールド課題が出される一方で，1つのフィールドで継続的にデータを取ることも課されました。私は，演習の受講生であると同時に研究室の指導生としてエスノグラファーになるための訓練を再開しましたので，演習でエスノグラフィーの基本的スキルを学ぶ一方で，個別指導を通して観察データからエスノグラフィーを書き上げる経験を重ねました。結局，ティーチングアシスタントや博士論文の作成を含めて，6年間にわたって訓練を受けたことになります。

　今，こうして本書のあとがきを書いていると，大学院生時代に受けた訓練によって，エスノグラファーとしての基礎が形成されたことを改めて実感しています。特に痛感するのは，エスノグラフィーの基礎

を身につけるためには，単にフィールドへ行きさえすればよいというものではなく，実際にフィールドワークをしながらエスノグラフィーの技法を学ぶことこそが肝要だということです。フィールドでの試行錯誤の経験があるからこそ，参与観察の技法の必要性やフィールドの人びととの関係の大切さを実感できますし，フィールドノーツの重要性を認識しているからこそ，フィールドでの観察やその後のフィールドノーツ作成に意欲的に取り組むことができるものと思います。

　その後，大学で教えるようになってからは，勤務校で毎年，「子ども心理学研究法」として大学1年生を対象にエスノグラフィーの手法を教える一方で，他大学や研修会でも大学院生や現職の日本語教師を対象に同手法を教えるようになりました。この間，石黒広昭先生（北海道大学大学院助教授）には，2002年から3回にわたって，日本発達心理学会シンポジウムなどで発達研究法としてのエスノグラフィーについて考えを深める機会をいただき，柏木惠子先生（文京学院大学教授）と高橋惠子先生（聖心女子大学教授）には，2004年の日本心理学会ワークショップでエスノグラフィーの教育法について，自分の経験をまとめる機会をいただきました。また，同時期に中澤潤先生（千葉大学教授）からは，日本の社会的現実に根ざしたエスノグラフィーを英語で発信するという貴重な機会をいただきました。これ以外にも多くの方々から，私自身のエスノグラフィーの手法とその成果について発表する機会をいただきました。こうした過程で，エスノグラファーになるために必要な修業を「他者に伝える」ことを意識しながら，自分なりに構造化し教材化していきました。

　本書は，エスノグラフィーの手法を習得したいと願っている人が，大学あるいは自宅で，ステップを踏んでエスノグラフィーを学べるようにと考えて企画したものです。しかしながら，執筆の過程では，偉大な先達の指導書を前にして自分の力不足を感じたり，エスノグラフィーの技法を支える深奥な知のあり方に打ちのめされそうになったりと，未知なる森林の中でさまよう日々が続きました。それでも，「徒弟的に伝授される職人技」としてではなく，「どこでも誰にでも学べる技法」としてエスノグラフィーの手法を教えたり学んだりすることに微力ながらも役立つことができれば……との思いと励ましに支えら

れて，どうにか小書をまとめることができました。

　本書の出版に際しては，多くの方々のお世話になりました。データ収集段階では，私の講義の受講生とC幼稚園の先生方からご協力をいただきました。事例の掲載を承諾してくださった2人の受講生と質問紙調査にご協力くださった6人の先生方にお礼を申し上げます。特に地頭薗真貴さんには，厚くお礼を申し上げます。また，文献収集の過程では，松尾知明先生（国立教育政策研究所主任研究官）からご支援をいただきました。記して感謝申し上げます。

　執筆の段階では，坂上裕子先生（東京経済大学助教授）にお世話になりました。本書の草稿を快く読んで下さり，的確な助言を下さったことに，心からお礼を申し上げます。

　出版の面では，未熟な筆者に出版の機会を与えてくださった新曜社の塩浦暲氏に感謝申し上げます。本書の構成や内容など筆者の意向を尊重してくださっただけでなく，遅れがちな原稿執筆を忍耐強く見守ってくださいました。

　最後に，私の研究生活を支え続けてくれている夫・柴山知也（横浜国立大学大学院教授）と，息子・俊也と娘・知紗にも深く感謝します。土木工学研究者である夫との会話は，近代科学のパラダイムや自然科学研究について理解を深める上で役立ったこと，そして，2人の子どもとともに生きる経験は，発達研究／保育実践研究の手法としてのエスノグラフィーの可能性と奥深さに気づかせてくれたことを申し添えたいと思います。

　　　2006年1月

　　　　　　　　　　　　　　　　　　　　　　　　本郷の自宅にて
　　　　　　　　　　　　　　　　　　　　　　　　　　柴山　真琴

資料

インタビュー・スケジュール

研究協力者の名前 ：（　　　　　　）　　　インタビューした日：（　　年　月　日）
インタビューの場所：（　　　　　　）　　　インタビュー時間　：（　：　～　：　）

〈Face Sheet〉
研究協力者の名前　　（　　　　）　国籍（　　　）　生年月日（　　年　月　日）
配偶者の名前　　　　（　　　　）　国籍（　　　）　生年月日（　　年　月　日）
子どもの名前：第一子（　　　　）　国籍（　　　）　生年月日（　　年　月　日）　出生地（　　　）
　　　　　　　第二子（　　　　）　国籍（　　　）　生年月日（　　年　月　日）　出生地（　　　）
　　　　　　　第三子（　　　　）　国籍（　　　）　生年月日（　　年　月　日）　出生地（　　　）
結婚年月・場所　　　（　　年　月　日）　場所（　　　　　　）
研究協力者の来日年月（　　年　月　日）
配偶者の来日年月　　（　　年　月　日）
子どもの来日年月：第一子（　年　月　日）　第二子（　年　月　日）　第三子（　年　月　日）

研究協力者の略歴
・教育歴；幼稚園／保育園入園（　　年　月　日）　小学校入学（　　年　月　日）
　　　　中学校入学　　　（　　年　月　日）　高校入学　（　　年　月　日）
　　　　高等教育機関入学（　　年　月　日）　（名称　　　　　　　　　）
・来日前の仕事　［　　　　　　　　　　　　　　　　　　　　　　　　　　　　　　　　］
　　居住状況　［核家族/親と同居　　　　　　　　　　　　　　　　　　　　　　　　　　］
・日本語学習歴　［　　　　　　　　　　　　　　　　　　　　　　　　　　　　　　　　］
・日本留学歴　　［　　　　　　　　　　　　　　　　　　　　　　　　　　　　　　　　］
・日本でのアルバイト歴　［　　　　　　　　　　　　　　　　　　　　　　　　　　　　］

配偶者の略歴
・最終学歴　　　［　　　　　　　　　　　　　　　　　　　　　　　　　　　　　　　　］
・来日前の仕事　［　　　　　　　　　　　　　　　　　　　　　　　　　　　　　　　　］
・日本語学習歴　［　　　　　　　　　　　　　　　　　　　　　　　　　　　　　　　　］
・日本留学歴　　［　　　　　　　　　　　　　　　　　　　　　　　　　　　　　　　　］
・日本でのアルバイト歴　［　　　　　　　　　　　　　　　　　　　　　　　　　　　　］

子どもの保育歴
・日本での保育歴
　　在園期間（　　年　　月～　　年　　月）　公立・私立／認可・無認可／保育時間（　：　～　：　）
　　送迎担当者：登園時（　　　　　　　）　　降園時（　　　　　　　）
　　外国人幼児数：園全体で（　　　　　人）／クラスで（　　　　　人）
・日本での転園・再入園
　　在園期間（　　年　　月～　　年　　月）　公立・私立／認可・無認可／保育時間（　：　～　：　）
・母国での就園・就学歴
　　在園期間（　　年　　月～　　年　　月）［種類　　　　　　　　　　　　　　　　　　　　　　］

〈質問項目〉
〔来日の意味づけと保育園選択の経緯を知るための質問〕
1．日本に来た理由は，何ですか。
2．日本に来ることが決まったとき，どう思いましたか。
3．日本に来る前に何か準備をしましたか。
4．実際に日本で生活を始めて，一番大きく変化したことや大変だったこと，あるいは一番強く心に残っていることは何ですか。
5．お子さんを保育園に入れる前は，誰が世話をしていましたか。
6．家庭や幼稚園ではなく，どうしてお子さんを保育園に通わせることにしたのですか。
7．現在の保育園をどのようにして知ったのですか。お子さんを保育園に入れる前に不安がありましたか。

〔育児に関する知識の入手先と，保育園での経験を知るための質問〕
8．子どもが産まれて親になった時，どんな気持ちでしたか（子どもの性別も聞く）。
9．お子さんが生まれる前には，どの程度の育児知識を持っていましたか。それはどのようにして知ったのですか。
10．（母国での就園経験がある場合）お子さんをそこ（保育園あるいは幼稚園）に通わせることにした理由は何ですか。
11．育児で困った時に，よく相談するのは誰ですか（母国にいる時/日本にいる時）。
12．お子さんが実際に日本の保育園に通い始めて，特に強く印象に残ったことや驚いたことはありましたか。
　　（物理的環境/保育の内容/保育者や子どもの印象など）
　　違和感があった場合→どのように解決しましたか。
13．多くの保育園では連絡帳がありますが，連絡帳を書いていますか（誰が／いつから／どのくらいの頻度で書いているか）。
　　連絡帳にはどんなことを書いていますか。

14. 保育園には運動会・保護者会・個人面談など親が参加する行事がいくつかありますが，誰が参加していますか。保護者会や個人面談で，保育者に質問したり意見を言ったりしたことはありますか。（ある場合→具体的内容を聞く）
15. 日本の保育園では，なるべく子どもに薄着をさせることを勧めているようですが，これについてはどうですか。
（来日直後および現在の感想を聞く。）
16. 日本の保育園では離乳食や食事を大事にして細かいプログラムに従ってやっていますが，これについてはどうですか。
17. 日本の保育園ではあまり早くオムツをとらないようですが，これについてはどうですか。
18. 日本の保育園では，保育者が子どもと一緒に遊んだり食事を食べるのを手伝ったりと子どもに近い立場で保育していると言われていますが，保育者の子どもへの接し方についてどう思いますか。
19. お子さんのクラスの保育者と話をすることはありますか。（いつ／どんなことを話したかを聞く。）
20. お子さんの育て方について母国の母親や親戚から何か言われることはありますか。

〔保育園という集団と自己との関係づけを知るための質問〕
　略

〔家庭での子育て，特に子どもの二言語併用に対する考えを知るための質問〕
　略

〔親自身の変化を知るための質問〕
　略

柴山真琴，2001『行為と発話形成のエスノグラフィー』東京大学出版会のpp.195-198を一部修正・割愛して引用。

引用文献

第1講

南風原朝和, 2001,「実験の論理と方法」南風原朝和・市川伸一・下山晴彦（編）『心理学研究法入門：調査・実験から実践まで』東京大学出版会, pp.93-121.

Isaacs, S., 1930, *Intellectual Growth in Young Children: With an appendix on children's "why" question by Isaacs, N.* London: Routledge & Kegan Paul Ltd.（アイザックス, S./楠瑞希子（訳), 1989,『幼児の知的発達』明治図書, 抄訳）.

Piaget, J. (translated by Gabain, M.), 1951, *The Child's Conception of Physical Causality*. London: Routledge & Kegan Paul Ltd.（ピアジェ, J./岸田秀（訳), 1971,『子どもの因果関係の認識』明治図書.）

Gaskins, S., Miller, P. & Corsaro, W. A., 1992, Theoretical and Methodological Perspective in the Interpretive Study of Children. *New Direction for Child Development*, 58, pp.5-23.

LeCompte, M.D. & Preissle, J., 1993, *Ethnography and Qualitative Design in Educational Research* (2nd edition). San Diego: Academic Press.

永野重史, 2001,『発達とはなにか』東京大学出版会.

第2講

Cressey, P. 1932, *The Taxi-Dance Hall*. Chicago: University of Chicago Press.

Gaskins, S., Miller, P. & Corsaro, W.A , 1992, Theoretical and Methodological Perspective in the Interpretive Study of Children. *New Direction for Child Development*, 58, pp.5-23.

市川伸一, 2003,「心理学の研究とは」南風原朝和・市川伸一・下山晴彦（編）『心理学研究法』放送大学教育振興会, pp.11-20.

カラベル, J. & ハルゼー, A. H., 1980,「教育社会学のパラダイム展開」カラベル, J. & ハルゼー, A. H.（編）/潮木守一・天野郁夫・藤田英典（編訳）『教育と社会変動：教育社会学のパラダイム展開』（上巻), 東京大学出版会, pp.1-95.

小泉潤二, 1997,「フィールドワーク」山下晋司・船曳建夫（編）『文化人類学キーワード』有斐閣双書, pp.2-3.

鯨岡峻, 1989,「初期母子関係における間主観性の領域」鯨岡峻（編訳）『母と子のあいだ：初期コミュニケーションの発達』ミネルヴァ書房, pp277-312.

LeCompte, M. D. & Preissle, J., 1993, *Ethnography and Qualitative Design in Educational Research* (2nd edition). San Diego: Academic Press.

箕浦康子, 1984,『子供の異文化体験：人格形成過程の心理人類学的研究』思索社.
箕浦康子, 1990,『文化のなかの子ども』東京大学出版会.
箕浦康子（編）1999,『フィールドワークの技法と実際：マイクロ・エスノグラフィー入門』ミネルヴァ書房.
茂呂雄二, 2001,「実践とエスノグラフィの意味」, 茂呂雄二（編）『実践のエスノグラフィ』（状況論的アプローチ3）, 金子書房, pp.1-19.
中澤潤, 1997,「人間行動の理解と観察法」中澤潤・大野木裕明・南博文（編）『心理学マニュアル　観察法』北大路書房, pp.1-12.
西田芳正, 1998,「内なる異文化へのまなざし：エスノグラフィー実践を導くもの」, 志水宏吉（編）,『教育のエスノグラフィー：学校現場のいま』嵯峨野書院, pp.79-97.
佐藤郁哉, 1992,『ワードマップ　フィールドワーク：書を持って街へ出よう』新曜社.
佐藤郁哉, 2002,『フィールドワークの技法：問いを育てる, 仮説をきたえる』新曜社.
サトウタツヤ, 2004,「質的研究はどうして出てきたか」無藤隆他（編）『ワードマップ　質的心理学』新曜社, pp.27-30.
柴山真琴, 2004,「エスノグラフィー」無藤隆他（編）『ワードマップ　質的心理学』新曜社, pp.163-168.
志水宏吉, 1985,「『新しい教育社会学』その後：解釈的アプローチの再評価」『教育社会学研究』40, 193-207.
Spradley, J. P., 1980, *Participant Observation*. Orlando: Harcourt Brace Jovanovich College Publishers.
渡邊欣雄・杉島敬志, 1994,「フィールドワーク」石川栄吉・梅棹忠夫・大林太良・蒲生正男・佐々木高明・祖父江孝男（編）『文化人類学事典』弘文堂, pp.641-642.
Whyte, W. F. 1943, *Street Corner Society: The social structure of an Italian slum*. Chicago: University of Chicago Press.（ホワイト, W. F.／寺谷弘壬（訳）, 1974,『ストリート・コーナー・ソサィエティ：アメリカ社会の小集団研究』垣内出版.）
山田洋子, 1986,「モデル構成をめざす現場心理学の方法論」愛知淑徳短期大学研究紀要, 25, 31-51.
山下晋司・福島真人（編）, 2005,『現代人類学のプラクシス：科学技術時代をみる視座』有斐閣アルマ.
Zorbaugh, H. 1929, *The Gold Coast and the Slum*. Chicago: University of Chicago Press.

第3講

市川伸一, 2001,「心理学の研究とは何か」南風原朝和・市川伸一・下山晴彦（編）『心理学研究法入門：調査・実験から実践まで』東京大学出版会, pp.1-17.
箕浦康子（編）, 1999,『フィールドワークの技法と実際：マイクロ・エスノグラ

フィー入門』ミネルヴァ書房.
無藤隆・やまだようこ・南博文・麻生武・サトウタツヤ（編）, 2004,『ワードマップ　質的心理学』新曜社.
尾見康博・伊藤哲司（編）, 2001,『心理学におけるフィールド研究の現場』北大路書房.
高橋登, 1997,「幼児のことば遊びの発達："しりとり"を可能にする条件の分析」発達心理学研究, 8(1), 42-52.

第4講
原野明子, 1997,「事象見本法の理論と技法」中澤潤・大野木裕明・南博文（編）『心理学マニュアル　観察法』北大路書房, pp.24-35.
柏木惠子, 1988,『幼児期における「自己」の発達：行動の自己制御機能を中心に』東京大学出版会.
箕浦康子（編）, 1999,『フィールドワークの技法と実際：マイクロ・エスノグラフィー入門』ミネルヴァ書房.
中澤潤, 1996,「『心理学研究』のこれまでとこれから」発達心理学研究, 7, 74-75.
中澤潤, 1997,「人間行動の理解と観察法」中澤潤・大野木裕明・南博文（編）『心理学マニュアル　観察法』北大路書房, pp.1-12.
佐藤郁哉, 2002,『フィールドワークの技法：問いを育てる，仮説をきたえる』新曜社.
柴山真琴, 2001,『行為と発話形成のエスノグラフィー：留学生家族の子どもは保育園でどう育つのか』東京大学出版会.
戸田まり, 1992,「自然観察法」東洋・繁多進・田島信元（編）『発達心理学ハンドブック』福村出版, pp.1187-1194.
矢野喜夫・矢野のり子, 1986,『子どもの自然誌』ミネルヴァ書房.
やまだようこ, 1987,『ことばの前のことば：ことばが生まれるすじみち1』新曜社.

第5講
石黒広昭, 2001,『ＡＶ機器をもってフィールドへ』新曜社.
南博文, 2004,「現場・フィールド」無藤隆他（編）『ワードマップ　質的心理学』新曜社, pp.14-20.
箕浦康子, 1999,「フィールドワーク前期」「フィールドワーク後期」箕浦康子（編）, 1999『フィールドワークの技法と実際：マイクロ・エスノグラフィー入門』ミネルヴァ書房, pp.21-70.
Nelson, K., 1986, Event knowledge and cognitive development. In K. Nelson (Ed.), *Event Knowledge: Structure and Function in Development*. Hillsdale: Lawrence Erlbaum Associates, pp.1-20.
柴山真琴, 1995,「ある中国人5歳児の保育園スクリプト獲得過程：事例研究から見えてきたもの」乳幼児教育学研究, 4, 47-55.（箕浦康子（編）, 1999『フィールドワークの技法と実際：マイクロ・エスノグラフィー入門』ミネルヴァ書房,

第 8 章に再掲.)
柴山真琴, 1999,「私のフィールドワーク・スタイル」箕浦康子（編）『フィールドワークの技法と実際：マイクロ・エスノグラフィー入門』ミネルヴァ書房, pp.87-103.
柴山真琴, 2003,「第二言語習得研究法としてのエスノグラフィーの手法：その可能性と限界」日本語教育ブックレット, 4, 41-56.
Spradley, J. P., 1980, *Participant Observation*. Orlando: Harcourt Brace Jovanovich College Publishers.

第 7 講

ギアーツ, C.／森泉弘次（訳）, 1996,『文化の読み方／書き方』岩波書店.
浜本満, 1997,「民族誌」山下晋司・船曳建夫（編）『文化人類学キーワード』有斐閣, pp.4-5.
クリフォード, J. & マーカス, J.（編）（春日直樹他（訳））, 1996,『文化を書く』紀伊國屋書店.
メリアム, S. B.／堀薫夫・久保真人・成島美弥（訳）, 2004,『質的調査法入門：教育における調査法とケース・スタディ』ミネルヴァ書房.
箕浦康子, 1999,「エスノグラフィーの作成」箕浦康子（編）『フィールドワークの技法と実際：マイクロ・エスノグラフィー入門』ミネルヴァ書房, pp.71-86.
大塚和夫, 1997,「植民地主義」山下晋司・船曳建夫（編）『文化人類学キーワード』有斐閣, pp.182-183.
サイード, E.／板垣雄三（監修）, 今沢紀子（訳）, 1993,『オリエンタリズム』平凡社.
志水宏吉, 1985,「『新しい教育社会学』その後：解釈的アプローチの再評価」教育社会学研究, 40, 193-207.
谷口明子, 2004,「病院内学級における教育実践に関するエスノグラフィック・リサーチ：実践の"つなぎ"機能の発見」発達心理学研究, 15（2）, 172-182.

［エスノグラフィーの比較検討課題］
柴山真琴, 1995,「ある中国人 5 歳児の保育園スクリプト獲得過程：事例研究から見えてきたもの」乳幼児教育学研究, 4, 47-55.（箕浦康子（編）, 1999,『フィールドワークの技法と実際：マイクロ・エスノグラフィー入門』ミネルヴァ書房, 第 8 章に再掲.)
柴山真琴, 2002,「幼児の異文化適応に関する一考察：中国人 5 歳児の保育園への参加過程の関係論的分析」乳幼児教育学研究, 11, 69-80.

第 8 講

Corsaro, W. A., 1985, *Friendship and Peer Culture in the Early Years*. New Jersey: Ablex Publishing Corporation.
エマーソン, R., フレッツ, R., ショウ, L.／佐藤郁哉・好井裕明・山田富秋（訳）, 1998,『方法としてのフィールドノート：現地取材から物語作成まで』新曜社.

刑部育子, 1998,「『ちょっと気になる子ども』の集団への参加過程に関する関係論的分析」発達心理学研究, 9 (1), 1-11.
佐藤郁哉, 1992,『ワードマップ　フィールドワーク：書を持って街へ出よう』新曜社.
佐藤郁哉, 2002,『フィールドワークの技法：問いを育てる, 仮説をきたえる』新曜社.
柴山真琴, 1996,「中国人・韓国人留学生家族と保育園：育児行動は文化的にどのように構成されているか」東京大学大学院教育学研究科紀要, 36, 129-138.
柴山真琴, 1999,「私のフィールドワーク・スタイル」箕浦康子（編）『フィールドワークの技法と実際：マイクロ・エスノグラフィー入門』ミネルヴァ書房, pp.87-103.
結城恵, 1998,『幼稚園で子どもはどう育つか：集団教育のエスノグラフィ』有信堂高文社.

第9講

Atkinson, R., 1998, *The Life Story Interview*. Thousand Oaks：Sage Publications.
フリック, U.／小田博志・山本則子・春日常・宮地尚子（訳), 2002,『質的研究入門：〈人間の科学〉のための方法論』春秋社.
保坂亨, 2000,「人間行動の理解と面接法」保坂亨・中澤潤・大野木裕明（編)『心理学マニュアル　面接法』北大路書房, pp.1-8.
ラングネス, L. L. & フランク, G.／米山俊直・小林多寿子（訳), 1981,『ライフヒストリー入門：伝記への人類学的アプローチ』ミネルヴァ書房.
佐藤郁哉, 2002,『フィールドワークの技法：問いを育てる, 仮説をきたえる』新曜社.
澤田英三・南博文, 2001,「質的調査：観察・面接・フィールドワーク」南風原朝和・市川伸一・下山晴彦（編)『心理学研究法入門：調査・実験から実践まで』東京大学出版会, pp.19-62.
鈴木淳子, 2005,『調査的面接の技法』（第2版), ナカニシヤ出版.
田垣正晋, 2004,「グループ・インタビュー」無藤隆他（編), 2004『ワードマップ　質的心理学』新曜社, pp.155-162.
徳田治子, 2004,「ライフストーリー・インタビュー」無藤隆他（編), 2004『ワードマップ　質的心理学』新曜社, pp.148-154.
ヴォーン, S., シューム, J. G., シナグブ, J.／井下理（監訳), 田部井潤・柴原宣幸（訳), 1999,『グループ・インタビューの技法』慶應義塾大学出版会.
やまだようこ, 2003,「フィールドワークと質的心理学研究法の基礎演習：現場インタビューと語りから学ぶ『京都における伝統の継承と生成』」京都大学大学院教育学研究科紀要, 49, 22-45.

第10講

フリック, U.／小田博志・山本則子・春日常・宮地尚子（訳), 2002,『質的研究入門：〈人間の科学〉のための方法論』春秋社.

Gergen, K. J. & Gergen, M. M., 1988, Narrative and the Self as Relationship. *Advances in Experimental Social Psychology*, 21, 17-56.
グレイザー, G. B. & ストラウス, A. L., 1967／後藤隆他（訳）, 1996,『データ対話型理論の発見：調査からいかに理論をうみだすか』新曜社.
後藤宗理, 2000,「調査的面接法の実習：ライフコース」保坂亨・中澤潤・大野木裕明（編）『心理学マニュアル　面接法』北大路書房, pp.106-113.
川喜田二郎, 1967,『発想法：創造性開発のために』中央公論新社.
川喜田二郎, 1970,『続・発想法：ＫＪ法の展開と応用』中央公論新社.
木下康仁, 1999,『グラウンデッド・セオリー・アプローチ』弘文堂.
箕浦康子（編）, 1999,『フィールドワークの技法と実際：マイクロ・エスノグラフィー入門』ミネルヴァ書房.
坂上裕子, 2002,「断乳をめぐる母親の内的経験：断乳時期の決定に関与した要因に着目して」質的心理学研究, 2, 124-138.
柴山真琴, 1996,「中国人・韓国人留学生家族と保育園：育児行動は文化的にどのように構成されているか」東京大学大学院教育学研究科紀要, 36, 129-138.
柴山真琴, 2001,『行為と発話形成のエスノグラフィー：留学生家族の子どもは保育園でどう育つのか』東京大学出版会.
Strauss, A. & Corbin, J., 1990, *Basics of Qualitative Research: Grounded Theory Procedures and Techniques*. Newbury Park: Sage Publications.
杉村智子, 2000,「調査的面接法の実習：認知発達」保坂亨・中澤潤・大野木裕明（編）『心理学マニュアル　面接法』北大路書房, pp.114-123.
Super, C. M. & Harkness, S., 1986, *The Developmental Niche: A conceptualization at the Interface of Child and Culture. International Journal of Behavioral Development*, 9, 545-569.
谷口明子, 2004,「病院内学級における教育実践に関するエスノグラフィック・リサーチ：実践の"つなぎ"機能の発見」発達心理学研究, 15（2）, 172-182.
ウィリッグ, C.／上淵寿・大家まゆみ・小松孝至（訳）, 2003,『心理学のための質的研究法入門：創造的な探求に向けて』培風館.

第11講

バーガー, P. L. & ケルナー, H.／森下伸也（訳）, 1987,『社会学再考：方法としての解釈』新曜社.（Berger, P. L. & Kelner, H. 1981, *Sociology Reinterpreted: An Essay on Method and Vocation*. New York: Anchor Press.）
デュルケム, E.／宮島喬（訳）, 1978,『社会学的方法の規準』岩波書店.
藤田英典, 1992,「教育社会学におけるパラダイム転換論：解釈学・葛藤論・学校化論・批判理論を中心として」森田尚人・藤田英典・黒崎勲・片桐芳雄・佐藤学（編）, 教育学年報Ⅰ／教育研究の現在, 世織書房, pp.115-160.
ガーゲン, K. J.／杉万俊夫・矢守克也・渥美公秀（監訳）, 1998,『もう一つの社会心理学：社会行動学の転換に向けて』ナカニシヤ出版.（Gergen, K. J. 1994, Toward Transformation in Social Knowledge（2nd edition）. London: Sage Publications.）

Hagedorn, R. & Labovitz, S., 1973, An Introduction into Sociological Orientation, New York: John Wiley & Sons.

LeCompte, M. D. & Preissle, J., 1993, *Ethnography and Qualitative Design in Educational Research*（2nd edition）. San Diego: Academic Press.

メリアム, S. B.／堀薫夫・久保真人・成島美弥（訳), 2004,『質的調査法入門：教育における調査法とケース・スタディ』ミネルヴァ書房.

中島道男, 2001,『エミール・デュルケム：社会の道徳的再建と社会学』東信堂.

箕浦康子（編), 1999,『フィールドワークの技法と実際：マイクロ・エスノグラフィー入門』ミネルヴァ書房.

柴山真琴, 2001,『行為と発話形成のエスノグラフィー：留学生家族の子どもは保育園でどう育つのか』東京大学出版会.

下山晴彦, 2003,「質的調査の考え方とデータ収集技法」南風原朝和・市川伸一・下山晴彦（編)『心理学研究法』放送大学教育振興会, pp.35-45.

ウェーバー, M.／阿閉吉男・内藤莞爾（訳), 1987,『社会学の基礎概念』恒星社厚生閣.

ウィリッグ, C.／上淵寿・大家まゆみ・小松孝至（訳), 2003,『心理学のための質的研究法入門：創造的な探求に向けて』培風館.

第12講

秋田喜代美, 2001,「心理学研究における倫理の問題」南風原朝和・市川伸一・下山晴彦（編),『心理学研究法入門：調査・実験から実践まで』東京大学出版会, pp.244-247.

古澤頼雄・斉藤こずゑ・都築学, 2000a,「研究の倫理」田島信元・西野泰広（編)『発達研究の技法』福村出版, pp.246-250.

古澤頼雄・斉藤こずゑ・都築学, 2000b,『心理学・倫理ガイドブック：リサーチと臨床』有斐閣.

箕浦康子（編), 1999,『フィールドワークの技法と実際：マイクロ・エスノグラフィー入門』ミネルヴァ書房.

柴山真琴, 1999,「私のフィールドワーク・スタイル」箕浦康子（編), 1999『フィールドワークの技法と実際：マイクロ・エスノグラフィー入門』ミネルヴァ書房, pp.87-103.

柴山知也, 2001,『建設技術者の倫理と実践』丸善.

第13講

相馬和子・中田カヨ子（編), 2004,『実習日誌の書き方』萌文書林.

第14講

エマーソン, R, フレッツ, R, ショウ, L.／佐藤郁哉・好井裕明・山田富秋（訳), 1998,『方法としてのフィールドノート：現地取材から物語作成まで』新曜社.

今井和子, 1999,『保育に生かす記録の書き方』（改訂版）ひとなる書房.

當銀玲子, 2005,「保育実践研究の現状と研究者とのかかわりを通して」日本保育

学会会報, 第131号, pp.5-6.
関章信（編）, 2001,『幼稚園・保育園の先生のための保育記録のとり方・生かし方』(改訂新版),すずき出版.
内田伸子, 1998,『まごころの保育：堀合文子のことばと実践に学ぶ』小学館.

第15講
福島真人, 1993,「認知という実践：『状況的学習』への正統的で周辺的なコメンタール」レイブ, J. & ウェンガー, E./佐伯胖（訳）『状況に埋め込まれた学習：正統的周辺参加』産業図書, pp.123-175.
中村雄二郎, 1992,『臨床の知とは何か』岩波新書.
柴山知也, 1996『建設社会学』山海堂.
柴山真琴, 2001,『行為と発話形成のエスノグラフィー：留学生家族の子どもは保育園でどう育つのか』東京大学出版会.
内田伸子, 1998,『まごころの保育：堀合文子のことばと実践に学ぶ』小学館.

索引

◆あ行

アイザックス,スーザン(Isaacs, S.)
　3,7,16,47,52
「新しい」教育社会学　14
厚着　86,116,125
暗黙の前提　192

育児:
　──行為　124
　──信念　124
　──日誌　39
石黒広昭　52
市川伸一　24
逸話(エピソード)記録法　39,41
因果:
　──関係の理解　4,5
　──律による説明　8
　前──的思考　3
インタビュー　108,110,111,127　→面接
　──・スケジュール　109,114,115,117
　──・スケジュールの改訂　120
　──・メモ　122
　インフォーマル・──　109,110,123,154
　エスノグラフィック・──　108,111
　グループ・──　111,142
　構造化──　109
　半構造化──　109
　フォーマル・──　109,154

ライフストーリー・──　111,142
インフォームドコンセント　151

ウィリッグ,カーラ(Willig, C.)　135
ウェーバー,マックス(Weber, M.)
　140
薄着　125
ヴント,ウィルヘルム(Wundt, W.)
　15

エスノグラフィー　9,12,29,143
　心理学的──　18,19,49
　エスノグラフィック・インタビュー
　　108,111
　エスノグラフィック・データ　187

オリエンタリズム　76

◆か行

解釈的アプローチ　9,14,17,139,140,141
開放性　43
カウンセリング　105
書く:
　──という行為　76
　書き手の視点　76
　具体的に──　91
ガスキンス,スーザン(Gaskins, S.)
　17
仮説　28
　──の生成　17
仮説検証型研究　26,27,134

213

仮説生成型研究　26,28,51,135
カテゴリー　124
カラベル，ジェローム（Karabel, J.）
　14
関係発達論　76
観察：
　　──実習　159
　　──者の解釈　74
　　──データの記録　62
　　──データの質的理解　17
　　──と記述　15
　　──の許可　150,151
　　──の立場の柔軟性　43
　　──法　29,32
　　関与しながらの──　17
　　参与──　12,41,42
　　自然──法　32
　　実験的──法　32
　　焦点的──　57
　　焦点的──期　50
　　全体的──　56
　　全体的──期　49
　　選択的──期　50
　　組織的──法　36
　　日常的──法　39
　　理論的焦点の定まった──期　50
完全な参与　47

ギアーツ，クリフォード（Geertz, C.）
　76
記憶の手がかり　83,187
聞き取り項目　114
記述：
　　──的データ　34
　　──の単位　18
機能の器としての子ども　8
客観主義　194
教育実習（幼稚園実習）　158
協働的・生成的な関係　192
切り取られた現実　61
記録：

逸話（エピソード）──法　39,41
　観察データの──　62
　個人──　182
　実践──（保育──）　172
　詳細な──　97
　大極的な──　97
近代主義の構成原理　194

鯨岡峻　17
具体的に書く　91
グラウンデッド・セオリー　125,126,
　142
クラス日誌　178,182
クリフォード，ジェイムズ（Clifford, J.）
　76
グループ・インタビュー　111,142
グレイザー，バーニー G．（Glaser,
　B.G.）125
クレッシー，ポール G．（Cressey, P.
　G.）13

K J 法　127
ケース・スタディ　142
研究：
　　──協力者　148
　　──設問　24
　　──の発表　26
研究者：
　　──倫理　146
　　──倫理の3原則　148
研究成果：
　　──と研究方法の不可分性　7
　　──のフィードバック　155
言動の意味　135
現場（フィールド）心理学　17

行為：
　　──者の視点　135,138
　　──の意味　138
構造化インタビュー　109
構造化面接　103

行動主義心理学　15
行動の意味　34
行動描写　70
ゴシップの運び屋　154
個人記録　182
個人心理学　15
個人メモ　90
コード化　124
子どもエスノグラファー　189
子どもエスノグラフィー　9,44,49,75,
　142,166,167,168,189,195
子ども研究の方法論　134
子どもと環境の分離　8
固有世界　193
コルサロ，ウィリアム　A．（Corsaro,
　W. A.）17,85,87

◆さ行
サイード，エドワードW．（Said, E. W.）
　75-6
坂上裕子　126
佐藤郁哉　17,91,108,109
参加実習　159
参与：
　——観察　12,41,42
　——せず　48
　消極的な——　48
　積極的な——　47
　中程度の——　48

シカゴ学派　13
時間見本法　16,37,40,41
シークエンス分析　127
自己中心性　3
事象見本法　16,37,41
自然観察法　32
事前説明　122,154
実験：
　——心理学　15
　——的観察法　32
　——法　29

実習生　160
実習日誌　160,161,167
　——の形式　161
実践記録（保育記録）172
質的研究　134,135
質的データ　34,40,56,134
　——への志向　35
質的な志向性　142
質的分析　56
質問紙法　29
柴山知也　146,194
事物の多義性　193
社会学　13
社会構築主義　142
社会的事実　140
社会的文脈　35
週日案形式　180
消極的な参与　48
詳細な記録　97
焦点的観察　57
　——期　50
身体性をそなえた行為　193
診断面接　105
人物中心の民族誌　19
心理学研究の過程　24
心理学的エスノグラフィー　18,19,49
心理療法　105

スーパー，チャールズ M．（Super, C.
　M.）124
スクリプト　50
ストラウス，アンセルム　L．（Strauss,
　A. L.）125
スプラドレー，ジェームズ P．（Spradley,
　J. P.）47

精神分析学　15
積極的な参与　47
前因果的思考　3
全体的観察　56
　——期　49

選択的観察期　50
全日実習　159

相馬和子　158
組織的観察法　36
ゾーボー, ハーベイ（Zorbaugh, H.）　13

◆た行─────────
大極的な記録　97
第三の視点　42
谷口明子　126

逐語録（トランスクリプト）123
中程度の参与　48
調査面接　103
直観的思考　3
治療面接　105

定性的研究　17
データ　25
　──公開の許可　155
　──の意味　73
　──の収集　25
　──の分析と解釈　25
　エスノグラフィック・──　187
　観察──の記録　62
　観察──の質的理解　17
　記述的──　34
　質的──　34,40,56,134
　質的──への志向　35
　量的──　33,40,134
デュルケム, エミール（Durkheim, E.）140

道具（積み木）69
当事者の解釈　74
鳥の目と虫の目のバランス　97
問わず語り　108

◆な行─────────
内観法　15
内容分析法　124,126
中澤潤　16
中田カヨ子　158
永野重史　2
中村雄二郎　193,195

日常会話　70
日常的観察法　39
日誌法　39,41
ニュートン力学　194
認識論的立場　138,139

◆は行─────────
ハークネス, サラ（Harkness, S.）124
ハーゲドーン, ロバート（Hagedorn, R.）139
発達の過程の理解　35
発話のトーン　69
場面見本法　38,41
ハルゼー, A. H.（Halsey, A. H.）14
半構造化インタビュー　109
半構造化面接　104

ピアジェ, ジャン（Piaget, J.）2,3,5,7
被験者　146
非構造化面接　104
微視的視点と巨視的視点のバランス　42
批判的アプローチ　139,142
評定尺度法　38
Ｂ６版カード　53

フィールド　46
　──エントリー　46
　──メモ　52,82,84
　現場心理学（フィールド）　17
フィールドノーツ　79,82,84,85
　──の作成　83,98
　──の作成法　85,91
　──を作る目的　84

フィールドワーカー　47
　　——の立場　47
フィールドワーク　12
　　——の知　195
フェイス・シート　114,117
フォーマル・インタビュー　109,154
部分実習　159
普遍主義　194
プライバシーの保護　155
文化人類学　12

保育　195
　　——実習　158
　　——日誌　39,172
保育園スクリプト　50,76
保育者　102,172,182,188
方法論　139
　　——メモ　87
堀合文子　184
ホワイト，ウィリアム　F．（Whyte, W. F.）　13

◆ま行
マーカス，ジョージ　E．（Marcus, G. E.）　76
マリノフスキー，ブロニスラフ（Malinowski, B.）　12,16

箕浦康子　13,17,56
ミラー，ペギー　J．（Miller, P. J.）　17
見ることと考えることの相互依存性　42
民族誌　12
　　——の執筆　76
　　——のスタイル　18
　　人物中心の——　19
民族・文化心理学　15

メリアム，シャラン　B．（Merriam, S. B.）　142
面接　107　→インタビュー
　　——法　29,102,105,107

構造化——　103
診断——　105
調査——　103
治療——　105
半構造化——　104
非構造化——　104
臨床——　103

モールティングハウス校（実験学校）　4,6
茂呂雄二　18
問題の設定　24

◆や行
山田洋子（やまだようこ）　17,108

養育　195
要素への分解　8
幼稚園実習　166,168

◆ら行
ライフストーリー・インタビュー　111,142
ライフヒストリー　104
ラボヴィッツ，サンフォード（Labovits, S.）　139
ラポール　121

リサーチ・クエスチョン　24
良好な人間関係　152
量的研究　134
量的データ　33,40,134
理論的焦点の定まった観察期　50
理論メモ　87,90
臨床の知　195
　　——の構成原理　193
臨床法　5
臨床面接　103

論理実証主義　139,140,141
論理主義　194

著者紹介

柴山真琴（しばやま　まこと）
1958年　生まれる
1981年　お茶の水女子大学文教育学部卒業，海外子女教育振興財団勤務を経て，
1998年　東京大学大学院教育学研究科博士課程修了　博士（教育学）を取得
　　　　鎌倉女子大学児童学部教授を経て，
現　在　大妻女子大学家政学部教授
専　攻　発達心理学，比較教育学
主　著　『行為と発話形成のエスノグラフィー：留学生家族の子どもは保育園で
　　　　どう育つのか』（東京大学出版会）
　　　　『フィールドワークの技法と実際：マイクロ・エスノグラフィー入門』
　　　　（共著，ミネルヴァ書房）
　　　　Applied Developmental Psychology: Theory, Practice, and Research from Japan.（共著，Information Age Publishing）
　　　　『ワードマップ　質的心理学：創造的に活用するコツ』（共著，新曜社）
主論文　「幼児の異文化適応過程に関する一考察：中国人5歳児の保育園への参
　　　　加過程の関係論的分析」（乳幼児教育学研究，第11号）（日本乳幼児教
　　　　育学会「学術賞」受賞）

子どもエスノグラフィー入門
技法の基礎から活用まで

| 初版第1刷発行 | 2006年2月10日 |
| 初版第9刷発行 | 2021年4月30日 |

著　者　柴山真琴
発行者　塩浦　暲
発行所　株式会社　新曜社
　　　　〒101-0051
　　　　東京都千代田区神田神保町3-9
　　　　電話 03-3264-4973(代)・Fax 03-3239-2958
　　　　e-mail info@shin-yo-sha.co.jp
　　　　URL http://www.shin-yo-sha.co.jp/
印刷　銀河
製本　積信堂

© Makoto Shibayama, 2006 Printed in Japan.
ISBN978-4-7885-0973-3　C1011